シッシー＆
ワッシーと
開く法学の扉

法律の学び方・

青木人志 著

有斐閣

もくじ

登場人物紹介

ワッシー

元の姿は有斐閣社章の左側（鷲）。常識人。真面目に勉強に取り組む。シッシーに対し時に困惑しつつ，ツッコミとフォローを欠かさないナイス相棒。

シッシー

元の姿は有斐閣社章の右側（獅子）。やや愚鈍であるが優しい性格。奔放な発言でワッシーとアオキ先生を振り回すが，ときに鋭いことを言う。

アオキ先生

有斐閣の会議室にカンヅメとなっていたところ，シッシー＆ワッシーと再会し，講義をする。2人から信頼されるが，たまに古いことを言って引かれる。

第1部
プロローグ

1 獅子王と鷲王の会話

壁の向こうが騒がしいようじゃ。

鷲殿，ご機嫌いかがであるか。

これは獅子殿。朕は相変わらず静かに社章に籠居し，
つつがなく消光しておる。で，貴公のおわす壁向こう
から，先ほどからうるさく音がするが，いかがなされた。

朕の姿を思い浮かべなされよ。朕は社章の真ん中の壁
をつねに両手で叩いておるではないか。

叩いておるのか。てっきり押しているものと思ってお
った。貴公が少しでも自分の空間を広げようとして，
隔壁を押し広げようとしていると疑っておった。永年の勘違い，
いや，ご無礼つかまつった。貴公の怪力でわが領域が狭められ

ぬよう，精一杯翼を広げて頑張っておった。しかし鳥類の王といえども百獣の王に比べると非力，いささか疲れておったところじゃ。

　　　ノックじゃよ，ノック。やや品位に欠けるが，こっそり片足を上げて蹴ったりもしておる。ちなみに，推敲という言葉もわれらが社章から生まれたという説もある。社章から霊感を得た詩人が，「獅子は推す社章の壁」という詩句が良きか，はたまた「獅子は敲く社章の壁」とすべきかと我を忘れて苦吟した。そこから文章表現を練り直すことを「推敲」というようになった。

　　　つまらぬ冗談であるな。王の威厳を大切になされ。

　　　失敬。たしかあれは唐代の詩人の故事じゃったな。

　　　さよう。賈島と韓愈の故事である。ひとつ賈島の詩をそらんじてみせようぞ。

　　　鷲殿よ。待たれよ。なんぞむなしゅうないか。

　　　うむ，確かに。なにが悲しゅうて，かくも狭き社章の中で，たった2人の蘊蓄合戦。

　　　そこじゃ。朕もむなしさに堪えかねて鷲殿とひとつ相談をしたくなり，それで先ほどからノックをしておった。覚えておられるか。以前，貴公とは有斐閣城主エグサ公配

下の「くのいち」の呪文により社章の外に微行し，愉快な思い
をしたことがあったな。

　　　　よく覚えておる。貴公がシッシー，朕がワッシーにそ
　　　　れぞれ身をやつし，巷に出て行った時のことじゃの。
あれは欣快至極であった。ぜひまたあの「くのいち」たちを召
し出そうぞ。あの者ども，なんと申したか。

　　　　たしかミヤケとナカノと申しておった。

② ミヤケ・ナカノ登場

　　　　む，何者じゃ！

　　　　お久しゅうございます。ミヤケにございます。気配を
　　　　お察しして参上つかまつりました。姉貴分のナカノも
ふたたび同道しております。

　　　　ナカノでございます。両王様におかれましてはご機嫌
　　　　うるわしゅう。お話は「地獄耳の術」で聴いておりま
した。わたくし，いにしえの平安京に放たれた平家の密偵，禿_{かむろ}
の子孫にございます。

　　　　おお，あのおかっぱ頭の。聞いていたなら話は早い。
　　　　すぐに社章の外に出せ。

かしこまりました。ところで，この機会にアオキ先生にも謁見をお許しになりませんか。

 アオキ。あの法学教師か。

 さようでございます。ちょうど今，かつて両王様に「判例の読み方」を講義したアオキ先生（青木人志『判例の読み方——シッシー＆ワッシーと学ぶ』〔有斐閣，2017年〕）を，当社会議室に軟禁しております。約束の原稿を，いつか書く，こんど書く，すぐ書くと，空手形ばかり切り続けておりましたので，ついに捕えてカンヅメにしております。

 ねぇ，ミヤケ。アオキ先生に両王様への御進講を命じて，またそれを本にするのはどう。

 あねさま，それは名案ですね。鷲王様，獅子王様，いかがでしょうか。こたびの原稿は「法律の学び方」というものでございます。その内容を御進講せしめてもよろしゅうございますか。

 くるしゅうない。やってみい。

 面白そうじゃ。

 では，さっそくわれらを社章の外に出せ。

かしこまりました。では，いざ，ロッポウの呪文を！

臨・兵・闘・者・憲・民・刑・商・両・訴・法！

③ 有斐閣会議室にて

 自由だぁ！

 外の世界は広くていいなぁ！

 で，アオキ先生，どこにいるの。

この会議室の中です。すぐ逃げ出してカレーを食べに行こうとしますので見張っています。神保町はカレー激戦区ですから。

 それ，ヌーよりおいしい？

 それは，ちょっと，わかりかねます。わたくし，ヌーを食したことは，まだございませんので。あ，ビーフカレーはいかがですか。でもインドカレー屋さんにはございませんね。なぜかと申しますと，ヒンズー教ではウシは聖なる動物とされておりまして……。

 ミヤケ，そういうのはどうでもいいの。さっそく中に入って，アオキ先生にまた会いましょうか。

 失礼いたしました。

シッシーとワッシーじゃないか！ 久しぶりだね。また会いに来てくれたんだね，うれしいなぁ。

 ごぶさたしています。

 あれ，また，太った？ あんまり太ると，ほんとに食べちゃうぞ。前よりもっと体に悪そうだけど。

 あっはっは。2人とも変わらないね。

 このたびはシッシーとワッシーを相手に，「法律の学び方」を講義していただきます。

 そしてそれが終わるまで，この会議室から出られません。カレーも食べに行かせません。

 わたくしどもは講義の間じゅう見張っております。ご安心ください。お邪魔にならぬよう「ものしずかの術」で気配を消しております。

 ミヤケの得意な術です。

 そうだ，それならいい考えがある。シッシーとワッシーに講義するけど，2人にもときどき参加してもらおうかな。

 そのようなことはどうかおやめくださいませ。忍びの者は決してオモテには出ないものでございます。

まあそう固いコト言わないで。名にし負う「有斐閣く
のいち」でしょ。民法学者の大村敦志先生に君たち一
族のことは教わってるよ（「有斐閣の女性編集者たちとともに」
『書斎の窓』2017 年 7 月号）。「有斐閣くのいち」は法学の術を
得意とし，伊賀者・甲賀者をはるかにしのぐとか。

 大村先生はそんなことはお書きになっていません。す
ぐ話をおもしろくしようとなさいますね。悪い癖です
よ。

 ごめんなさい。

 わたくしどもは，法学の術をたしなむ程度でございま
す。

 まあそう謙遜しないで。法学学習の先輩が同席してく
れると，講義がやりやすいんだ。必要なときは 2 人
に呼び掛けるからね。

第2部
講　義

I

避けて通れない「難しさ」

 さて，シッシー，ワッシー。じつはね，そろそろシューカツかなって思っているんだ。

 食べたくないな。シュークリームの皮にパン粉つけて揚げるの？　衣だけじゃないか。身を入れてくれよ，お肉だよ，お肉。

 相変わらず食べ物のことしか考えないんだな。「就活」に決まってるじゃないか。先生は転職したいんだよ。

 いやそうじゃなくて「終活」なんだ。「法学教師としての終活」を考えていた。あと数年で定年退職だからね。残された教師生活の中で自分は何を学生に伝えたらいいか，真剣に考えちゃう。30年法学教師をやってきたけれど，いまでも「法学って難しいなぁ」って思う。そんな教師が初学者に教えるんだから，迷いばかりさ。そのことを正直に話そうかなって思っていた。

 私はダメな法学者です，ロクな先生ではありませんって，いきなりの告白？

そこまでは言ってないよ。

 いや，そうかもしれない。でも，そうでもないかもしれない。三ヶ月章先生という民事訴訟法の大先生がいらしてね。東大で教えたあと法務大臣もなさった。その三ヶ月先生ですら「法学入門担当者のこわさ」についてお書きになっている。「たとい教師生活何十年という古株であっても，法学入門の講壇に立つと足がすくむのである」とまでお書きになっている（三ヶ月章『法学入門』〔弘文堂，1982年〕2頁）。いわんや私をや。

 開き直ったね。三ヶ月先生はどうして，こわくて足がすくんじゃうの？

 ひとつは，新入生が最初に聴く法学入門の講義によって法についてのイメージを決定的に形づくってしまうかもしれないという責任の重大性。もうひとつは，自分の法学研究者としての過去のすべてがそこで秤（はかり）にかけられていると感じざるをえないからだ，っておっしゃっている。

 法学者としての「最後の審判」を受けるみたいなものでしょうか。

 うん，法学入門の講義は，研究者としての全存在を賭けるようなものだっていうことだろうね。ボクは研究者としては，三ヶ月先生の足元にも及ばないけれど，かりに教師としての全存在も天秤にかけられるとすると，自分がずっと

感じてきた「難しさ」についての話を正直にしないわけにいかないと思うんだ。

 ちょっとまってください。難しくないよ，こんなにわかりやすいし，すごくおもしろいよって教えてくれるのが，入門の手ほどきというものではないでしょうか。

 それも一理ある。でも，法学教師の終活としての「法学入門」は，その「難しさ」の話をむしろ中心に据えたほうがいいかもしれないって，感じている。

 なぜそんなことをするんでしょう。

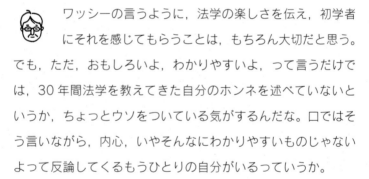 やめときなよ，悪いコトは言わないからさ。

ワッシーの言うように，法学の楽しさを伝え，初学者にそれを感じてもらうことは，もちろん大切だと思う。でも，ただ，おもしろいよ，わかりやすいよ，って言うだけでは，30年間法学を教えてきた自分のホンネを述べていないというか，ちょっとウソをついている気がするんだな。口ではそう言いながら，内心，いやそんなにわかりやすいものじゃないよって反論してくるもうひとりの自分がいるっていうか。

あー，たしかにウソはいけないね。ボクたちの野生の王国にはウソはないよ。力の強い者が弱い者を食べる。そしてもっと強いヤツがその強い者を食べる。とってもわかりやすい真実だけの世界。そしてそのてっぺんにいるのが，うふ

ふ，何をかくそう，ワタクシメの一族にございます。

ありがとうシッシー。いますごく重要な話をしてくれたね。弱肉強食の世界の話。むきだしの実力が支配している社会の話。たぶん人間社会も何もしないで放っておくと，そうなっちゃう。そっちに戻ろうとする力が人間の社会にもつねに働いているんだ。

おいでよ，おいで，ボクらの世界に。あつまれどうぶつのサバンナ。略して「あつサバ」。

どっかで聞いたことあるぞ，それ。

お誘いありがとう，シッシー。でも，やめておくよ。

遠慮しなくてもいいのに。

遠慮じゃないんだ。人間は君たち，シッシーたちライオン一族と違って，すごくかよわい動物だから，いまさらサバンナに戻っても生き延びられる見込みがないからだよ。

じゃ，そんなかよわい人間たちが，どうして人間の世界では生き延びていられるのかな。しかも，地球上どこにでも，いっぱいいるよね，人間って。ボクらの世界で人間に負けないほどの大群を作る生物は，そうたくさんはいないよ。人間に圧勝できる生物がかりにいるとしたらアリくらいじゃないかな。大移動で有名なヌーだってアフリカにしかいないから

数では人間には勝てないな。

 かよわい肉体しかもたない人間が，生き延びているどころか，こんなにも地球上で繁栄していられる理由はたくさんあるだろうけれど，長い歴史の中で法という素晴らしいモノを作り上げてきたことも，少し貢献しているかな。

 どういうこと？

 人間は，力の強い動物たちと腕力や脚力で争うことをやめて，頭脳を鍛えた。その結果，火を使ったり，道具を作ったり，言語という高度な情報伝達手段を発達させたりすることができるようになり，動物たちが簡単に近づけない存在，動物たちがたやすく餌食にできない強い集団へと，徐々に力をつけていった。そうやって動物たちを知恵や道具の力をかりて支配しつつ，自分たちの世界の内部では，法を作ることで，弱肉強食の世界に戻ろうとする力を，必死で押しとどめてきた。力だけがすべてという世界を矯正して，腕力や体力の劣る人間でも，力の強い人間と同じように生きていける世界，生きやすい世界を作り出すことを目指してきた。

 その戦略が成功したのですか。

 ある程度の成功を収めてきた，とはいえるだろうね。人間だって動物だから，動物的本能に反することを，知性と文化の力を使って必死でやってきたともいえる。その意

味で奇跡的なことをなしとげてきた。もちろん地球上には，それが比較的うまくいっている場所もあれば，そうでもない場所もある。だから，せいぜい「ある程度の」成功かな。

 奇跡的ですか。そこまでスゴイことでしょうか。

ボクはそう思う。ただ，幸いにしてそれが成功している場所と時代に生まれた人は，それが当たり前だと思っている。そういう人はこの奇跡を実感しにくい。でもそれは決して当たり前ではないことなんだ。この感じ，わかるかな。ミヤケさんは思い当たることはないかい。

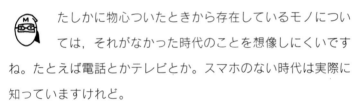 たしかに物心ついたときから存在しているモノについては，それがなかった時代のことを想像しにくいですね。たとえば電話とかテレビとか。スマホのない時代は実際に知っていますけれど。

スマホどころか，ボクの場合は，実家に黒いダイヤル式の固定電話がやっとついたのは小学校2年生のときだったから，1969年くらいのことだったな。

 貧しくていらしたのですね。

いやそんなことはないんだよ。商家はともかく当時は一般家庭に電話はまだ十分に普及しきっていなかった。少なくともボクの故郷ではそうで，電話がない家庭もさほどめずらしくなかった。それでも世の中は普通に回っていたんだよ

ね。

　そうだったのですか。

　そういえば，この間，ボクの教え子が，お子さんに真顔で聞かれて，自分の年齢を実感したって言っていた。「ママが子どもの頃にはYouTubeがなかったってホント？」って聞かれたんだって。YouTubeどころか，ほんの25年前にはインターネットもメールも普及していなかった。

　あのぉ，お言葉を返すようで恐縮ですが，さすがに25年前ともなりますと，「ほんの25年前」という実感はございません。むしろ，かなり昔という気がいたします。

　失礼いたしました。でもね，ミヤケさんもナカノさんも，いつかボクの年齢になると，きっとわかるさ。25年前がほんのちょっと前だっていう実感がね。

　そういうものでしょうか。

　ああ，きっとわかる。さて，シッシーのおかげで，サバンナの弱肉強食の世界のことを思い起こすことができたね。このあたりのことは，すごく大事なことだから，またあとで話すことにしよう。とりあえずいまはシッシーにお礼だけ言って，法学の難しさの話に戻るね。

　よくわからないけど，手柄をたてちゃったみたいだな。喜びのひと吠え。**がおぉぉぉっ！**

おどかさないでよ。えーっと，なんだっけな，法学教師のボクも，法学は最初からはおもしろく感じられないし，わかりやすいともいえないと思っている，という話だったね。

そうそう，ウソついちゃいけないよ，って話。

何度も言うように，法学のおもしろさは，最初からはなかなかわからないものだ。それがわかり始めるのには，だいぶ時間がかかる。たとえて言えば抹茶やコーヒーと同じさ。美味しい抹茶やコーヒーには「甘み」や「まろやかさ」がある。でもその味は「苦み」や「酸味」のうちにある。あとのほうの味が強いから，抹茶やコーヒーを飲みなれない子どもには，たぶんその味わいがわからない。でも大人には精妙で芳醇な美味しさがよくわかる。

ビールもっ！

あねさま，はしたのうございます。

あ，ごめん。

苦くて酸っぱいか。やっぱりマズそうだな。サバンナに帰ろうかなぁ。

まあもう少しだけ我慢して聴いてくれよ。君たちだって大人なんだから。

 うん，まあ実家に帰るのもたいへんだしね。乗り継ぎも含めてナイロビ空港まで20時間以上かかるからね。わかったよ，我慢して聴くよ。

 ありがとう。2人とも。

 横から失礼します。小社から出版されている『ポケット六法』を卓上に準備しております。どうぞ必要に応じて，みなさま参照なさってください。

 ご配慮，ありがとう。シッシー，ワッシー，これが「六法」。「法令集」のことさ。いろいろな種類の六法が出版されているけれど，これは小型の『ポケット六法』。

 分厚いなぁ。これで「ポケット」六法なの？　間違いじゃないの？

 間違いではございません。

 ボクが学生だった40年前には『ポケット六法』はずっと薄かった。それがだんだん厚くなってきている。その間に重要な法律がたくさん作られた証拠さ。

 へえ，そうなんだ。こんなのが入るポケットをもってるのは，オーストラリア大陸の連中，とくにカンガルーだけかな。

たしかにあそこに住んでいる仲間たちは，ポケット好きが多い。

 レトロ趣味だからね。

 いまどきのセンスではスタイリッシュじゃない。

 最新ファッションの発信地じゃもう見かけない。

 野生動物界にも原宿みたいな場所があるの？

 あるよ。

 どこ？

 ンゴロンゴロ。

 え？

 調べました。タンザニアにある自然保護区で世界遺産です。

 検索速つつ。

Ⅱ 「学び方」の意味

今回の講義のタイトルは,「法律の学び方」だから,ここで「学び方」という言葉の意味をあらためて考えようか。

いちいちそこから確認するの？　メンドクサイな。

「学び方」は「方法」っていう意味ですよね。いわゆる「ハウツー (how to)」っていうやつでしょうか。だから,法律の条文の探し方とか,教科書の読み方とか,講義の聴き方とか,ノートの取り方とか,そういうことを講義するっていうことではないのですか。

うん,そういった具体的な技術が「学び方」であることは間違いないね。法令の探し方や,条文や判例の読み方は,法学部生にとって最も基本的な技術だ。けれども,これに関してはいい本がもういくつもある。法学の先生が,教科書の読み方,講義の聴き方,ノートの取り方について具体例をまじえて大学生活に必要なスキルを懇切丁寧に教えてくれるよ

うな本もある。ただ，ノートの取り方などは人それぞれ性に合ったやり方があるから，一般化して「こうしなさい」っていうのは難しいとボクは思っているけれど。

 早く結論を言おう。

 まどろっこしくてごめん。結論はだね，すでにたくさんいい参考書がある技術的ハウツー，人それぞれやり方が違って一般化がしにくい技術的ハウツーではない，そういう「学び方」を，この講義の中心に据えたい。

 学び方から技術的なハウツーを除くと，いったい何が残るのでしょうか。

 心の持ち方かな。あるいは，学び続けるモチベーションの維持の仕方。目的を度外視して技術をみがく喜びというのもたしかにあるし，学習技術としてのハウツーが要らないわけではないけれど，たとえばそもそも上手なノートの取り方の習得に励むモチベーションがないと，その技術それ自体は無味乾燥に感じられるんじゃないかな。

 ボクらも日ごろ狩りの技術をみがいているよ。狩りが下手だとライオンやワシは飢死しちゃうからね。

 そう，動物の世界では，狩りの技術は生き残るという至高の目的と直結しています。でも，そもそも目的と無関係な純粋の技術なんていうものがあるのでしょうか。

そうだな，「ペン回し」はどうかな。目的ないでしょ。

 手持無沙汰の解消が目的と言えなければね。

 興味深い例を挙げてくれてありがとう。でもここは法学の話に限定するね。たとえば，最新の法令の関連条文を探し出して，それを正確に読みこなす技術は，法律家の必須スキルだ。そのほかにも，司法試験に合格して，裁判官，検察官，弁護士といった法実務のプロになると，法律の素人である原告や被告，被疑者や被告人の入り組んだ話を聞いて，法的に重要な事実を要領よく抽出し，法的な主張を構成したり，判断をしてみせたりするという重要なスキルもある。そういった技術は，君たちの狩りの技術と同じように，専門家たちの職業つまり生活の糧に結びついているから，究極的には「生きる」という目的につながっているといえるかもしれない。

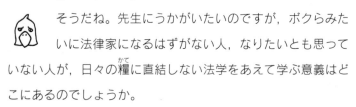 でも，ボクたちはいまさら法律家になる気はないよ。ねえワッシー。

そうだね。先生にうかがいたいのですが，ボクらみたいに法律家になるはずがない人，なりたいとも思っていない人が，日々の糧に直結しない法学をあえて学ぶ意義はどこにあるのでしょうか。

 それは重要な問いだね。なぜかというと，日本の法学部卒業生で法律家になる人は，むしろ少数派だからね。

卒業後に法律の専門家にならないほうが多数派なんだ。そのような多数派学生に，法律を学び続けるモチベーションをどう維持してもらうかが，日本の大学の法学教師にとって，切実な課題になってくる。ワッシーの質問はこの課題とぴったり重なっている。

 法学部生って日本には何人くらいいるのでしょうか。

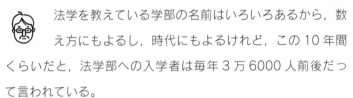 法学を教えている学部の名前はいろいろあるから，数え方にもよるし，時代にもよるけれど，この 10 年間くらいだと，法学部への入学者は毎年 3 万 6000 人前後だって言われている。

 そのうちどのくらいの人が法律家になるのですか。

 司法試験の合格者数は 2019 年の場合約 1500 人。しかも司法試験合格者は法学部卒とはかぎらない。

 あんがい少ないな。ボクの一族が支配している陸の動物の世界でいうとボルネオ島に住んでいるゾウがギリギリ 1500 頭かな。

 鳥の世界では日本にいるタンチョウが 1650 羽程度だと推定されています。絶滅危惧種です。司法試験合格者ってそんなに希少なのですか。

 法科大学院制度ができたのが 2004 年。2000 人を超える合格者を出した年もあるけれど，現在はだいた

い 1500 人くらいで推移している。ただ，それでも，ボクが法学部を卒業した 1984 年頃の司法試験の合格者は 500 人にも達しなかったから，数の上では，以前よりずっとたくさんの法律家の卵が巣立っていることになる。

 昔はすごーく難しかったということかな。

うん，当時は「現代の科挙」っていうあだ名がついていた。なにしろ出願者比の合格率が当時は 2% 前後だったからね。法科大学院制度ができて試験が今の制度になったあとの司法試験合格率は 20 数%から 30 数%の間で推移しているから，現在は合格率もずっと高くなっている。

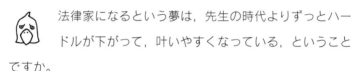 法律家になるという夢は，先生の時代よりずっとハードルが下がって，叶いやすくなっている，ということですか。

合格者数と合格率だけをみるとそういえそうだけれど，昔と今は制度が違うから単純に比較はできないんだ。たとえばボクが法学部を卒業した 1984 年（昭和 59 年）当時の司法試験（正確にいうとその二次試験）の出願者数は 2 万 3956 人，うち合格者は 453 人だから合格率は 1.89%だった。2019 年（令和元年）の司法試験出願者数は 4930 人で合格者は 1502 人，合格率は 30.5%さ。

 え。ちょっとまってください。出願者は先生の学生時代が 2 万 3956 人，2019 年は 4930 人ですか。出

願者の数が4分の1以下になってしまっていますね。どうしてでしょうか。

 いいところに気づいたね。司法試験の合格率が上がっている背景には出願者数の減少も関係している。分母が小さくなれば合格率は上がるからね。どうしてこんなに出願者の数が違うかっていうと，現在は，司法試験を受けるためには法科大学院で学ばなければいけないからだ。予備試験という例外もあるけれど，現在の制度の基本は，法科大学院で勉強してから司法試験を受けることになっている。

 それハードルの高さはどのくらいなの。

 うん，司法試験で出題される内容という意味でのハードルは，あまり変わらないんじゃないかな。ただ，違うところもあるよ。ボクの学生時代の司法試験は学部生でも受けることができた。だからいちばん早い人は20歳，大学3年生で合格していた。現在も予備試験というバイパスはあるけれど例外なので，原則の話をすると，さっきも言ったように今は法科大学院で勉強してから司法試験を受ける。つまり，まず学部を卒業したあと，法科大学院入試に合格する必要があって，合格したら法科大学院でさらに勉強する必要がある。そしてそのあとやっと試験を受けられる。

 少なくとも時間がかかるという意味のハードルはかなり高いですね。

そうだね。だからさっきのワッシーの質問について答えると，受験資格を得るために受けなければならない試験の回数や，司法試験を受けられるようになるまでにかかる時間を考えると，ボクの学生時代に比べて現在は「ハードルが下がった」とか，「法律家になる夢が叶いやすくなった」とは単純にはいえない，ということになる。

じゃあ，法科大学院に入れなかった人や法科大学院に行ったけれども司法試験に受からなかった人だけが，法律の専門家ではない仕事につくっていうことなのかな。

これまたそんな簡単な話ではないんだ。法学部新入生に，入学直後にアンケート調査をしてみたことがある。あなたはどうして法学部を進学先に選んだのですか，って聞いてみた。

で，その答えはどんなだったの。

千差万別さ。もちろん法律家にあこがれて，法律家になりたい，っていう夢を素直に語ってくれる新入生も少なくなかった。ただ，そうでない答えを書いてくれた新入生のほうが多かった。

たとえば？

では，実際のアンケートの回答を順不同で読み上げてみるよ。

え。ジュンク堂。本屋さんで読み上げちゃうの。

 違うよ，「じゅんふどう」だよ。言う順序にとくに決まりや意味がないときに順不同というのさ。

 ワッシー，ありがとう。では順不同で。

 ええ，そいつで。

 「社会の仕組みを理解したいから」「世の中の規範について知りたいと思ったから」「法は何のためにあるのかわからないから」「社会で生きてゆくうえで法律知識があればうまく利用することができるから」「賢く社会で生き残れると思ったから」「就職に強そうだから」「他学部に比べ就職の選択肢が多いと感じたから」「センター試験の点数とのかねあい」「数学を使わなくていいから」「難しい学部の方がカッコイイから」「真面目な自分に合っているから」「知っておいて損はないと思ったから」。

 はぁ。

 ぜんぶ，原文のママで読み上げたんだけれど，どう思う？

 熱さを感じない！　食うか食われるかのサバンナにほとばしる命の炎のようなものがないぞぉ。

どういうことかな。

ボクらライオンだって，食ってばかりいるんじゃない
よ。そう簡単に殺されたり食われたりはしないけれど，
強敵のハイエナ軍団に負けて逃げることもある。死んでしまえ
ばワッシー一族の清掃担当のハゲワシに食われてしまうのさ。
戦う気持ちをつねにもっていないと生き残れない。そりゃもう
たいへんさ。そういう強い気持ちが感じられない。

社会や法とは何かを知りたいっていうのは，とても漠
然とした，抽象的な理由ですね。就職に有利だとか，
世の中をうまくわたっていきたいっていうのはホンネかもしれ
ないけれど，若者らしさがないかな。試験の点数で決めたのな
らば法学部でなくてもよかったということだし，法学部がそも
そも難しいとはかぎらないし，ましてや難しい学部に入ってい
る人がカッコいいとはかぎらない。カッコいいかどうかはその
人の中身次第でしょう。

いや，外見。ライオン的にはタテガミが重要。

まあ，カッコよさについての議論はおいておこう。た
だ，このような現状があるっていうことは，素直に認
めなければいけない。このようないろんな考えで法学部に入っ
てくる学生のうち，法律家になりたいという夢やあこがれを，
強く長く持ち続けることができる学生は，きっと退屈な訓練も

つらい勉強も苦にならないだろうね。

そうそう，夢がある人は強いよ。目標のために何でも犠牲にできるから。スーパー健康御長寿の熱血名言を集めた，「毎日ゾウガメ」っていう日めくりカレンダーにも，「健康のためなら死んでもいい」っていう感動的な言葉があった。

感動をそぐようで恐縮だけれど，ゾウガメのお歴々はときに 150 歳を超えていたりするよね。つまり，そういうセリフをおっしゃるわりには，実際にお隠れになった方をボクは一度もみたことがないぜ。

 あ，ごめん，2 人とも，話を本題に戻していいかな。

失礼しました。寿命の話になると不公平なのでつい皮肉のひとつも言いたくなります。ボクら一族の平均寿命はせいぜい 20 年から 30 年くらいです。シッシー一族はもっと短いはずです。だからさっきの司法試験を受けるまでにかかる時間の話なんて聞くと，ちょっとやってられないな，って思います。一生の大半を勉強しないといけないことになりますから。

ワシもライオンも，人間より寿命はずっと短いんだね。平均寿命が 80 年もある現代の人間とはそこが違うわけだ。でも申し訳ないが，とりあえず人間標準で話を続けさせてもらうけど，じつは人間世界でも時間がかかりすぎる，って

いう議論がある。

 そうなんですか。

 ぜいたくな悩みだな。80 年も生きるのに。

 まあ，そこは許してくれよ。さて，法律家になりたくて，そのためには，みずから進んで苦しい訓練を受けようという覚悟のある新入生ばかりだったら，話は簡単なんだ。でもそういう人は日本の法学部では少数派だ。多数派は，そこまで具体的な目標をもたずに「なんとなく」法学部に入ってくる。

 デモシカ法学部生ですね。

 ぱーどん？

 いや，ほらデモシカ教師っていう悪口があったじゃない。

 カモシカの仲間？

 タラレバの仲間。

 ニラレバ？

いやタラレバ。

 なにそれ。

 デモシカ教師っていうのはね，高度成長期の日本で教員が不足したとき，一時期すごく採用枠が増えて，先生に「でも」なるか，先生に「しか」なれない，っていう人が先生になっちゃったっていうやつさ。だから，「～だったら」，「～していれば」っていう仮定の話を指すタラレバの仲間。

 ねえワッシー。なんだか君，ちょっとアオキ先生みたいになってるよ。言うことが古いよ。得意げに語るところも似ていて鼻につく。まさか君の「中の人」はアオキ先生じゃないよね。

 あ，そこは，気にしないでいいから。

 アオキ先生もデモシカ教師でしょ。ほら，前にボクらと一緒に出した『判例の読み方』（有斐閣，2017 年）の著者紹介欄に，大学 4 年生の就職シーズンに病気で入院していたから仕方なく大学院に進学したって書いていたよね。

 まいったな。そうきたか。ボクのことはともかく，法学部新入生をみんなデモシカ呼ばわりするのは，言い過ぎだ。だって，多くの法学部生は，ちゃんとそれなりの抱負をもって入学してきてくれているから。ただ，たとえば医学部

と比べると，やはり大きな違いがある，ということを言いたいんだ。

 どんな違い？

 ほら，医学部の場合は，新入生はみんなお医者さんになりたいんじゃないかな。医者になる，医師免許をとる，という目的をもたずに，人間の体の仕組みや病気のメカニズムについて知りたいからという抽象的な理由や，試験の点数とのかねあいだけで医学部進学を選ぶ人はほとんどいないはずだ。

 言われてみると，たしかにそうですね。

 だから法学部教育の難しさがある。ボクら教師の悩みもある。

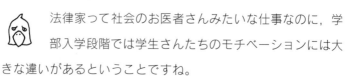 法律家って社会のお医者さんみたいな仕事なのに，学部入学段階では学生さんたちのモチベーションには大きな違いがあるということですね。

 そうなんだ。だから，この講義でいちばん伝えたいのは，法律家にあこがれて法律を学び始めた少数派が，そのモチベーションを維持できるだけでなく，なんとなく法律を学び始めることになったけれど法律家をめざすつもりまではないという多数派も法学への興味をかき立てることができるような，そういう「学び方」「心の持ち方」なんだ。

Ⅲ 法学者の「法学嫌い」自慢

 講義の初めにわざわざそんなことを先生が力を込めて言うっていうことは，もしかして法学って，ものすごくツマラナイの？

 まあ法律の条文を丸暗記するのは，どう考えてもおもしろくなさそうだよね。

 まじすか。こんな分厚い法令集の条文を丸暗記するの？　オーマイガーッ！　ワタクシやはり実家に帰らせていただきます。

 あ，ちょっとまって。条文の丸暗記は必要ないんだ。

 え，ほんとですか。だって法学部って法律を知るための学部ですよね。歴史の勉強でも，外国語の勉強でも，まずは暗記じゃないですか。

 法律の内容をまったく覚えなくていい，って言っているわけじゃなくて，「条文の丸暗記」は必要ではない，ということ。だって法律の条文は無数と言っていいほどあるん

だよ。覚えきれるわけない。さっきシッシーは目の前にある
『ポケット六法』をみて、「こんな分厚い法令集」って言ってた
けど、『ポケット六法』は日本の法令のうちごくわずかな基本
的なものだけを集めたものにすぎない。

え、そうなの？

六法に載っていない法令もたくさんあるっていうこと
ですか。

そうだよ。

そういう法令はどうやって調べればいいのでしょう。

おすすめはイーガブ。

会心のかみつき！

いや、e-Gov さ。ネット上にある「電子政府の総合窓
口」の名前（https://www.e-gov.go.jp/）。そこに「e-Gov
法令検索」というのがあって最新の法令をすばやく検索できる。
便利な時代になった。

条文丸暗記は必要ないし、そもそも無理だっていうこ
とはわかりましたが、では法律の勉強って何をするも
のなんでしょう。

まあ，そう急がないで。それをこれからゆっくり話すんだから。いまの段階では，条文を検索するスキルのほうが，条文そのものを丸暗記するより重要だっていうことだけを指摘しておくよ。じつは，ある問題に関連する法令の条文を探し出すこと自体が，かなり勉強して訓練を受けたあとでないと，難しいんだ。

やっぱり，ちょっとげんなりします。

たしかに，条文の丸暗記をしなくてもいい，といっても，最初はなかなか大変だし，おもしろくはないと思う。ミヤケさんとナカノさんに聞いてみようか。お2人が法律を学び始めた頃はどうだった。おもしろかったかな。

わたくし自身のことはともかくといたしまして，たしかに，法学の先生方がお書きになる思い出話を拝読すると，最初から法律の勉強がおもしろかったと書いていらっしゃる方は，ほとんどいないような気がします。

そうね，それどころか「すごくつまらなかった」って，はっきり書いている方もいらっしゃる。

そうなんだ。そのとおりなんだ。たとえば川島武宜先生だ。先生は戦後の日本の法社会学をリードした民法学者の1人で，1964年（昭和39年）に『科学としての法律学』（弘文堂）という本をお出しになった。若い頃に法律学への不信感をもち，とくにその科学性に疑問を抱いていらした先生が，

法律学の科学性をどう理解したらいいかを論じた有名な本だ。
冒頭に語られている先生自身の言葉を拾い読みしてみよう。

「旧制大学の時代には，法律学を勉強しはじめた学生は，ほとんど
誰でも法律学に対して興味をもつことができないのが普通であっ
た。私自身もそうであった。」

「私が大学に入って法律学の講義を聴きはじめたころには，法律学
に対してまったく興味をもつことができず，また法律学というの
はいったいどういう学問であるかもわからないので，日々の学生
生活に少しも生き甲斐を感ずることができなかった。」

「その後，今日にいたるまで私は多くの法学部の学生諸君に接触し
て，同じ悩みを聞いてきた。そればかりでなく，多くの学生諸君
は卒業するまで，法律学に対してほとんど情熱をもたないで，た
だ就職のため，パンのために，したがってまた試験のために，己
れを殺して勉強して大学を出てゆくようであった。」

 うーん……。聞いているだけで絶望的な気分になりま
すね。

 初めからこんなの聞いちゃうとぜったい勉強する気に
なれないよ。

 ごめん，でも少しがまんしてくれよ。おもしろいこと
にその川島先生の学生時代に，すでに田中耕太郎先生
が同じようなことを言っていらしたそうだ。川島先生の自伝的
回想を記した『ある法学者の軌跡』という本がある。有斐閣か

ら1978年（昭和53年）に初版が出て，1997年（平成9年）に復刊されている。その中に語られているエピソードだ。田中先生を囲む東大生（川島先生も当時その学生の1人だった）の小集会で，「法律学は，どうもおもしろくない。先生のような法律学の大家は，学生時代から法律学がおもしろかったのですか」と1人の学生が聞いたとき，田中先生がこう答えたというんだ。

> 「ぼくも学生時代には法律学なんかちっともおもしろくなかった。法律学は大きらいだった。大体，学生時代から法律学がおもしろいなどと言うやつは，たいした人間じゃない。」

これはまたたいそう強烈なお言葉ですね。

うん。現代の法学教師であるボクなんか，こわくてこんなこと絶対に口にできないよ。田中先生は「そういうことばで」答えられたと川島先生がわざわざ強調しているから，本当にそうおっしゃったんだろうね。でも，これはインフォーマルな学生の集まりでの発言だから，笑いながら冗談半分におっしゃったに違いない。まさか学生の1人が後年立派な学者になってその日の発言を回想録に書いてしまう日が来るなんて，田中先生も想像ができなかっただろうね。きっといまごろ泉下で苦笑いしていらっしゃる。

田中耕太郎先生ってどんな方なのですか。

 田中先生は，戦前，東京帝国大学で教鞭をとった人で，商法学や法哲学の研究をなさった。代表作に『世界法の理論』（岩波書店，1932年〜1934年）という全3巻の大著がある。戦後は貴族院議員になり，日本国憲法の公布時には吉田茂内閣の文部大臣として署名している。そのあとは最高裁判所長官（1950年〜1960年）や国際司法裁判所判事（1961年〜1970年）も務めた。東京帝大教授と閣僚と最高裁判所長官，それに加えて国際司法裁判所判事まで務めた人なんて，後にも先にも田中先生くらいしかいないだろうね。国内外の学界，政界，司法界で活躍した大法学者だと言って間違いない。

 そんな大先生中の大先生が「法律学は大きらいだった」なんて断言しちゃうのか。もしかして，あれかな。ほらよくいるじゃない。ほんとは勉強好きなのに，周りの人には勉強していないフリして，試験になるといい成績とっちゃう人。

 あはは，それは違うよ。田中先生も川島先生も，そんなつまらないことをする必要なんてない方々だ。

 ほんと？

 ああ，ほんとさ。たぶん，こういうことなんだと思う。お2人の大法学者が強調しているのは，法学のおもしろさは，学び始めてすぐにはわからないという宿命をもって

いて，それはしかたないことなんだ，っていうことじゃないかな。法律を学び始めた若者たちを，最初から強くひきつけることができないのは，不幸なことかもしれないけれど，法学はそういう学問なんだから，しかたない，っていうことさ。むしろそのつまらなさと正面から向き合って，大いに悩んでいいんだということを，逆説的な言葉で伝えて，学生を励ましている。

 へんな学問だなぁ。

 あまり励まされている気がしません。おもしろいと言うやつはたいした人間じゃない，なんて言われちゃうと。

 たしかにそうだね。だから田中先生のそのセリフは忘れてさしあげようよ。当時は，ICレコーダーもネットもないから，まさかこんなに語り継がれちゃうとは田中先生も思っていなかったはずだからね。

 忘れてあげる……ってか，アオキ先生がわざわざ川島先生の本からこの話を探してきて蒸し返しているのがいちばん悪いんじゃないの。

 ごもっとも。おっしゃるとおりです。まいりました。

 わかればよろしい。

ただね，田中先生ほど強烈なことは言わなくても，法学教師ならではの悩みって，やはりあるんだな。たとえば，文学を教える先生は，読みだしたらやめられないほどおもしろい小説を素材に講義ができる。そういう小説は山ほどある。自然科学の先生だったら，高性能の顕微鏡や望遠鏡を使って，肉眼では見えない世界を，生き生きと学生たちに見せてやって，感動させることができる。そういうのがうらやましく思えたりする。

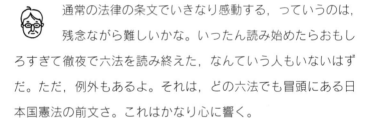 六法には感動はありませんか。

通常の法律の条文でいきなり感動する，っていうのは，残念ながら難しいかな。いったん読み始めたらおもしろすぎて徹夜で六法を読み終えた，なんていう人もいないはずだ。ただ，例外もあるよ。それは，どの六法でも冒頭にある日本国憲法の前文さ。これはかなり心に響く。

 どんなのかな。

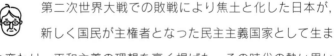 第二次世界大戦での敗戦により焦土と化した日本が，新しく国民が主権者となった民主主義国家として生まれ変わり，平和主義の理想を高く掲げた，その時代の熱い思いが，日本国憲法の前文から伝わってくる。

「日本国民は，正当に選挙された国会における代表者を通じて行動し，われらとわれらの子孫のために，諸国民との協和による成果と，わが国全土にわたつて自由のもたらす恵沢を確保し，政府の行為によつて再び戦争の惨禍が起ることのないやうにすることを決意し，ここに主権が国民に存することを宣言し，この憲法を確定する。」

「日本国民は，恒久の平和を念願し，人間相互の関係を支配する崇高な理想を深く自覚するのであつて，平和を愛する諸国民の公正と信義に信頼して，われらの安全と生存を保持しようと決意した。われらは，平和を維持し，専制と隷従，圧迫と偏狭を地上から永遠に除去しようと努めてゐる国際社会において，名誉ある地位を占めたいと思ふ。」

「日本国民は，国家の名誉にかけ，全力をあげてこの崇高な理想と目的を達成することを誓ふ。」

 たしかに敗戦から立ち上がつたばかりの新しい日本の希望と決意を感じますね。起草者の胸の高鳴りが感じられて，読むだけでこちらの気持ちが高揚してきます。

 そうでしょ。ボクの学生時代の友だちのサクライ君なんて，この前文を大きく書き写してアパートの部屋に貼っていたほどだ。そのくらい訴える力がある。

 ところで「やうに」「ゐる」「思ふ」「誓ふ」って何？

ああ，それはね，日本国憲法が制定された当時は，そのような歴史的かなづかいがまだ使われていたからさ。発音は「ヨウニ」「イル」「オモウ」「チカウ」だ。

 なーんだ，そう読めばいいのか。

 先生，さっきの文学や自然科学との対比ですが，法学は，学ぶ人に，自然科学の先生が使う顕微鏡や望遠鏡のように新しい世界を見せてくれることはないものなのですか。

 それについては，じっくり語りたい。ほんとは法学も新しい世界を見せることができるってボクは思っているんだ。けれども，それはちょっと長くなるから後回しにしよう。あとできっと話すからね。

 わかりました。講義の最後まで覚えておきます。

 うん，頼む，覚えておいて。田中耕太郎先生についてもう少し話をさせてもらうよ。先生は，法学は人気がなくて，たくさん悪口を言われていることを，本にも書いている。昔からそうだったんだね。田中先生が1953年（昭和28年）にお書きになった『法律学概論』（学生社）という本の中には，「法学のポピュラリティーについて，法学無価値論」と題された章すらある。

 ポピュラリティー。どんなお茶かな。ポプラの木の葉を煎じたお茶かな。

いや「人気」という意味の英語だよ。

なーんだ，やっぱり法学は人気があるぞって書いてるんじゃないか！

いやその反対なんだ。その章では，古今東西の法学に対する罵詈雑言（ばりぞうごん）や疑問の数々が，これでもか，これでもかっていうほど紹介されている。ユスチニアヌス法典は「悪魔の聖書」と呼ばれ，「よき法律家は悪しき隣人」「法律家は悪しきキリスト教徒なり」というイギリスやドイツのことわざがあり，19世紀ベルリンの検事であったキルヒマン（Kirchmann）にいたっては法律家でありながら「法学の学としての無価値」と題する講演を行っていることなどが紹介されている。つまりどれほど人気がないかが，書かれている。

ずいぶんですね。自虐が過ぎるのではありませんか。

一見そう思えるよね。なかでも，田中先生のこの本でも紹介されている「立法者の三つの訂正の語があれば全文庫がたちまち反故（ほご）となる」というキルヒマンの言葉はとても有名で，現代でも講義中に引用してみせる法学教師は多い。

そもそも，その言葉の意味がわからないんだけど。

「立法者が法律の条文の言葉を三つ変えたら，その法律について書かれたたくさんの本が一瞬にして紙くず

になってしまうだろう」って意味さ。

 どうして？

 法律が変わってしまえば，以前の法律についての説明は，現在の法律には当てはまらないから無駄になるっていうこと。

 これもまた自虐ですね。でも，本当ですか？

 講義でこの言葉を紹介する教師たちは，そうは思っていないんだ。「一見そう思えるかもしれないが，じつはそうではない」という講義をするための伏線，あるいは問題提起としてこのセリフを使うだけさ。

 ずいぶんな回り道をなさいますね。

 そうかもしれないね。田中先生の本に戻ると，きわめつけは，そう，ここだ。ここに書いてある言葉は，初学者が感じる「法学のつまらなさ」を凝縮して，ずばり言い当てているように思う。読み上げるよ。

「法学は哲学のように宇宙および人生の帰趨をきわめ，また事物の根本について思索するものではなく，また美の理念の具体化された芸術のように，人間を霊感をもって満たし，瞬時とはいえ俗界の醜穢な現実からわれわれを解脱させる力をもつものではなく，

> また自然科学や技術のように自然界の秘庫を開き，隠れた自然法則を明るみに持ち出し，そしてこれを役立て人類の物質文化の発達に寄与するものでもなく，また宗教のように個人および人類社会の霊的救済，および神の国の実現を説くものでもなく〔以下略〕」（『法律学概論』496 頁）。

 なんて格調高い悪口なんでしょう。

 言葉づかいが難しすぎて，よくわからないな。法学なんてロクなものではないって言いたいらしいことは，なんとなくわかるけど。

 この言葉に共感する人もいると思うけれど，そう簡単に絶望しないでほしいんだ。これから，法律の言葉づかいが表面上変わってもそう簡単に変化しない法原理はたくさんあるし，法学はそう捨てたものではない学問なんだ，っていう話を少しずつしてゆこう。でも，だいぶ話をしたから，ここで 1 回休憩をしようか。

 そうしましょう。

 おなか減っちゃったな。

IV 法律の陰に隠れている人間

では講義を再開するよ。悩み多き青年，自分という存在を見つめる純粋な若者が，哲学や文学や自然科学といった人間と宇宙の本質に肉薄する学問にあこがれを抱き，芸術や宗教のように魂を浄化し救済してくれる世界を求めるのは，いつの時代も，どの場所でも，たぶん当然のことだ。でも法学はそうでない，すくなくともそうはみえない。人間性にあまり訴えない。そんな話をしたね。

あ，ちょっとまってください。いま気づいたのですが，さっき先生は，動物と違って人間は法という素晴らしいものを発展させてきた，ともおっしゃっていましたよね。そんなステキな人間世界のルールを研究するのだったら，法学は人間の素晴らしさに満ちあふれた学問のはずですよね。人間性に訴えない，って言い方はさっきの話と矛盾していませんか。どうも納得できませんが。

うん，たしかに補足が必要だね。ボクが言いたいのは，田中先生が指摘しているように，法学は人生の帰趨を

決めてくれないし，しかも抽象的な条文やルールでできている
ものだから，一見したところでは具体的な人間の姿が見えてこ
ない，ということなんだ。法という人間の宝物の価値が，皮肉
なことに当の人間にはわかりにくい，ということ。

 人生のキスウって何？

 人生が最後に行き着く到達先といったところかな。人
生いかに生きるべきかという究極の問いに法学は答え
てくれるものではない，ということだね。でもなにもこれは法
学にかぎった話ではないよね。どんな学問領域もそうだ。でも，
人間世界のルールを扱っている学問である法学は，それが人間
に関するものであるがゆえに，学び始めてからがっかりする度
合い，期待外れの程度も大きいっていうことかもしれないね。

具体例を挙げて説明してもらえませんか。

いいよ。法律学を学び始めて間もなく多くの学生が勉
強することになる民法総則から例を挙げてみよう。民
法総則というのは，「民法」という法律の「第一編　総則」と
いうところだ。たとえば民法総則には次のような条文がある。
「主物」と「従物」という概念とその関係について規定した条
文だ。『ポケット六法』を開いて，民法の 87 条をさがしてご
らん。じつはこの条文は，ボクが法律を学び始めたとき，いち
ばん退屈に思えた条文のひとつなんだ。

【民法 87 条】

① 物の所有者が，その物の常用に供するため，自己の所有に属する他の物をこれに附属させたときは，その附属させた物を従物とする。

② 従物は，主物の処分に従う。

 最高裁判所の判例で主物と従物の関係にあるとされている例には，「宅地」が「主物」で，庭の「石灯籠(いしどうろう)」が「従物」だというのがある。ほかにも例を挙げると，「家屋」が「主物」だとすると，「畳」が従物の典型例だ。

はぁ……。

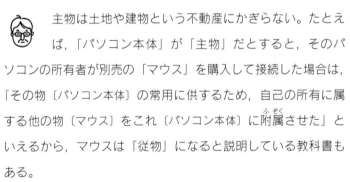

主物は土地や建物という不動産にかぎらない。たとえば，「パソコン本体」が「主物」だとすると，そのパソコンの所有者が別売の「マウス」を購入して接続した場合は，「その物〔パソコン本体〕の常用に供するため，自己の所有に属する他の物〔マウス〕をこれ〔パソコン本体〕に附属(ふぞく)させた」といえるから，マウスは「従物」になると説明している教科書もある。

 たしかに人生のキスウってやつとはまったく関係なさそうだな。

 宅地と石灯籠，家屋と畳，パソコンとマウス，という組み合わせを延々と覚えるんですか？　それはちょっ

とカンベンしてほしいです。

 それにね，「従物は，主物の処分に従う」っていうのは，何を言ってるのか，さっぱりわからないよ。

 たとえばワッシーがパソコンを持っていて，そのパソコンをシッシーに売ると約束したことにしよう。そのパソコンにワッシーがマウスを接続していたとしたら，主物であるパソコン本体だけでなく，従物であるマウスも一緒に，シッシーに売ることになる。これが，「従物は，主物の処分に従う」っていうことの意味だ。

 納得できないんだけど。

 どこが？

 ワッシーがパソコンを売ってくれるときに，マウスを売りたくなくても一緒に売らなければいけないって，変じゃないかな。ボクは，ネズミはワッシー一族の大好物だって知ってるから，マウスまで売ってくれなくてもいいや，って思うけど。

 そのマウスじゃないけどね。でもたしかに，パソコン本体だけを売りたいのに，っていうこともありそうです。

 あ，なるほど。もちろん，その場合は売らなくてもいいのさ。ワッシーとシッシーが，マウスは売らないし，

買わないって約束していればね。

 でも，先生はついさっき，パソコン本体を売るときは，マウスも一緒に売ることになるって言ったよね。どういうこと？

 それはね，87条2項が「意思の推定規定」だからなんだ。シッシーとワッシーという売買契約の当事者が，従物であるマウスは売らない，買わないってはっきり約束していたら，当然その約束が優先する。ただ，シッシーとワッシーの意思がはっきりしない場合は，パソコン本体という主物を売るというときは，接続されたマウスという従物も一緒に売ることにしたと推定される，ということなんだね。

 87条2項の規定が適用されない場面があるっていうことですね。

 そのとおり。従物を主物と一緒に処分しないという当事者の意思がはっきりしているときは，87条2項の出番はない。その意思がはっきりしないときに，初めて87条2項の出番が来る。いろいろな物を付属させた物を処分するとき，どこまでが処分の対象になるのか，決める基準が必要だからね。

 法律の条文に書いてあるのにそれが適用されない場面があるなんて，難しすぎるよ。

 法律を学び始めたばかりの人は，法律に書いてあるルールはどんな場合も裁判所でそのまま適用されるって

考えていることが多いから，その気持ちはよくわかるよ。

 法律の中には，当事者の意思に「負ける」規定があるっていうことですか。

 そう。そういう規定を「任意規定」っていうんだ。それに対して，当事者の意思とかかわりなく適用される規定は「強行規定」って呼ぶ。87条2項は任意規定なんだ。だから，当事者の意思がはっきりしないときは，従物と主物は同じ運命をたどると推定されるけれど，その2つを別々に扱いたいという当事者の意思がはっきりしている場合は，その推定がやぶられて，この規定は適用されない。

 そういうことも法律のどこかにちゃんと書いてあるんですよね。これは意思の推定規定であり，任意規定だって。

 うーん，じつはそれがだね，法律の条文には，どれが任意規定かっていうことは，はっきりとは書かれていないんだ。

 じゃあわからないよ。

 もっともな言い分だね。わかりにくいってことを素直に認めるよ。じつは，法律には明確に書かれてはいないけれど承認されているルール，というのもあるんだ。

 法律って何から何まで細かく書いてあるんだって思ってた。

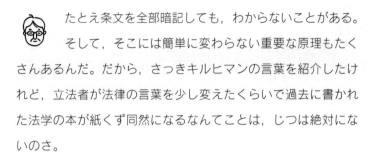

たとえ条文を全部暗記しても，わからないことがある。そして，そこには簡単に変わらない重要な原理もたくさんあるんだ。だから，さっきキルヒマンの言葉を紹介したけれど，立法者が法律の言葉を少し変えたくらいで過去に書かれた法学の本が紙くず同然になるなんてことは，じつは絶対にないのさ。

いままでのお話で，主物と従物についてやっと少しだけイメージがわきましたが，最初に条文を読んだときは，それがどんなことを意味しているのか，どんな場面で適用されるのかは，まったく想像できませんでした。

そうだね。それが普通だよ。みんな最初はわからないから安心していいよ。ところで，主物と従物の規定には，人間は「所有者」しか出てこないね。あとは主物と従物という「物と物の関係」だけが表面上は規定されている。それでも，いま説明したように，その条文のルールが働く場面は，人と人，たとえば売り手と買い手といった「人間同士の関係」の中なんだ。

条文の背後には人間が隠れているけれども，その姿はすぐには見えない，ということですか。

そう。そしてそれがわかると，無味乾燥な条文も活き活きと見えてくるものなのさ。

V 抽象的な法律用語

 条文が活き活きしたものに見えてくるって言うけど，先生はさっきから「人」と「人」の関係だの，「売り手」と「買い手」だのって言ってるよね。

 うん。

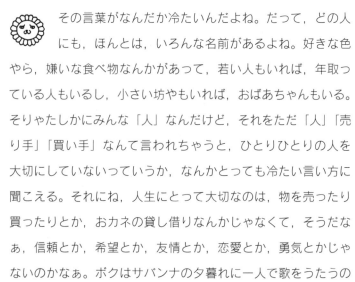 その言葉がなんだか冷たいんだよね。だって，どの人にも，ほんとは，いろんな名前があるよね。好きな色やら，嫌いな食べ物なんかがあって，若い人もいれば，年取っている人もいるし，小さい坊やもいれば，おばあちゃんもいる。そりゃたしかにみんな「人」なんだけど，それをただ「人」「売り手」「買い手」なんて言われちゃうと，ひとりひとりの人を大切にしていないっていうか，なんかとっても冷たい言い方に聞こえる。それにね，人生にとって大切なのは，物を売ったり買ったりとか，おカネの貸し借りなんかじゃなくて，そうだなぁ，信頼とか，希望とか，友情とか，恋愛とか，勇気とかじゃないのかなぁ。ボクはサバンナの夕暮れに一人で歌をうたうの

が好きなんだ。運命の恋人にめぐりあえて大喜びしたり，好きな子に振られちゃって涙を流したりする恋の歌は，そりゃもう人間界にも動物界にもたくさんあるけれど，物の売り買いや，おカネの貸し借りの歌なんて聞いたことがない。そんなに大事なことなの，おカネの問題って。

横からすみません。

あ，びっくりした。ミヤケさんか。

情報提供をさせていただきますと，「借金大王」という歌がございます。ウルフルズのトータス松本様が，「貸した金返せよ」とシャウトなさっておられます。JASRAC様との関係でこれ以上の詳細を申し上げられないのが残念にございます。

えっ，そうなの。

よく調べたね。

検索のご用命なら，このわたくしにお任せください。

ちなみに私は「約束した原稿書けよ」とシャウトしたい時がございます。

ナカノさんの今のセリフは聞かなかったことにしよう。で，シッシーの不満は何だっけ。

「人」「売り手」「買い手」っていう先生の言い方が，なんだか冷たい感じがするっていうことです。おまけに物の売り買いや金銭の貸し借りなんかは，たとえば恋愛のような人生の一大事だとも思えない，とも言ってましたね。

そうそう，そのとおり。ボクの言いたかったのはそういうこと。君は相変わらずアタマがいいなぁ。

なるほど。また民法総則を例にして考えてみようか。民法総則の条文に出てくる「人」についての表現をいくつか拾ってみよう。文字どおりの「人」のほか，「個人」「日本人」「外国人」といった，ごく日常的な言葉もあれば，「当事者」「第三者」「未成年者」「法定代理人」「配偶者」「親族」「相続人」「本人」「代理人」「債権者」「債務者」といった，やや硬い法律用語だけれども日常生活でもそれなりに出会う言葉もあるね。

あとのほうの言葉は，かしこまった言葉で，とにかく日常会話では使いませんね。

でも出会ったことはあるでしょ。ただし出会ったことがあるからといって油断できない。たとえば「本人」「代理人」という用語などはさほどめずらしく感じられない言葉だよね。でもこれらの用語の法律上の意味をちゃんと理解しておく必要がある。2つは対になっている用語で，「本人」は

単に「その人自身」という国語辞典に載っている意味を理解しただけでは不十分で，「代理人の代理行為により法律上の効果が帰属する人」だっていうことがわからないといけない。国語辞典の定義と法律上の定義が一致しないことがあるんだ。

 キゾク？

 簡単に言うと，誰のものになるか，っていうことかな。

 ほかにも定義が一致しない例がありますか。

 「債権者」と「債務者」もそうかな。ためしにクイズを出すよ。Ａさんは「10万円の代金を支払ってＢさんの所有する腕時計を買う」という契約をＢさんとしました。では問題です。ＡさんとＢさんのうち，「債権者」はどちらで，「債務者」はどちらでしょうか。

 ヒントちょうだい。

 では語釈のわかりやすさで評判が高くて，ボクもふだん愛用している『三省堂国語辞典』（第七版）を貸してあげよう。

 ありがとうございます。「債権」は「貸したおかねや財産を返してもらう権利」って説明されています。「債務」は「借金を返さなければならない義務。また，契約の内容

を実行する義務」ってなっています。

あれ。先生の例では，AさんもBさんも借金なんてしてないよ。**がおぉぉっ，わかったぞぉ！**

答えは「どちらでもない」だ。どうだっ！

残念でした。ハズレです。正解は，「AさんもBさんもどちらも債権者で，どちらも債務者だ」でした。

えぇーっ，どういうこと。国語辞典に書いてないよ！

「債権」「債務」という言葉が日常生活で使われるときは，おカネの貸し借りについて語られることが圧倒的に多い。だから，国語辞典が「債権」を「貸したおかねを返してもらう権利」とし，「債務」を「借金を返さなければならない義務」としていることは十分な理由がある。でも，法律用語としての「債権」「債務」はおカネの貸し借りの問題だけには限定されないんだ。だから法律学辞典を引くと「債権」は「特定人（債権者）が特定の義務者（債務者）に対して一定の給付を請求し，債務者の給付を受領し保持すること……が法認されている地位」とされ，「債務」は「債権に対応する概念で，債権を債務者の側から表現したもの。すなわち，債権者に対して一定の行為（給付）を行う義務をいう」と説明されている（『法律学小辞典〔第5版〕』〔有斐閣，2016年〕）。どちらの説明も，とても抽象的だね。でもこれがいちばん正確な法律用語の語釈なんだ。

国語辞典の語釈とズレてしまうのですか。それは困りますね。

 もういちど三省堂国語辞典を確認すると、「債務」は「借金を返さなければならない義務、また、契約の内容を実行する義務」となっているね。法律学的により正確な説明は後半部分、むしろ「契約の内容を実行する義務」という語釈のほうなんだ。ただね、同じ辞典の「債権」の定義に、おカネや財産の貸し借りの話しか書いていないのはバランスが悪い。本来なら、「債権」の語釈にも、「契約の内容を実行させる権利」と書き加えないと、対語である「債務」の語釈との釣り合いがとれないように思う。

 たしかにそうですね。

 国語辞典を作っている人は日本語のプロ中のプロだ。そしてさっきも言ったようにボクはサンコク（三省堂国語辞典の愛称）の大ファンだ。広島東洋カープ仕様の特別版だって発売と同時に購入したほどだ。でもサンコクを作っている専門家たちですら、「債権」と「債務」については、正確でわかりやすい語釈を書くのに苦労しているみたいだ。わかりやすい語釈を書くと法律用語としては不正確になり、法律学的に正確に書くとわかりにくい語釈になってしまうから。

 で、そのことと、さっきのAさんBさんの話はどう関係するの。

ＡさんとＢさんが10万円で腕時計を売買する契約をした場合,「ＡさんもＢさんもどちらも債権者で,どちらも債務者だ」っていう話だったね。

　そうそう,どうしてそうなるか,その説明をまだ聞いてない。

　法律学辞典の「債権」の説明にも,「債務」の説明にも,「給付」って言葉が使われているね。この「給付」に含まれるいちばんわかりやすい例は「おカネを払う」っていうことだ。でもそれだけではないんだな。「給付」には「物を引き渡す」という行為も含まれるんだ。それを前提に,ＡさんとＢさんの約束のケースを考えてみよう。ＡさんはＢさんの腕時計を引き渡してもらうのと引き換えにＢさんに代金10万円を支払う。また,ＢさんはＡさんから10万円を支払ってもらうのと引き換えにＡさんに腕時計を引き渡す。そういう約束をしたんだよね。「10万円の支払い」という給付に着目すると,その支払いを要求できる権利者,つまり債権者はＢさんだ。そして10万円を支払う義務がある債務者はＡさんということになる。でも逆に「腕時計の引渡し」という給付に着目すると,その引渡しを要求できる債権者は,Ａさんだ。そして,腕時計を引き渡す義務を負う債務者はＢさんになる。売買契約のように,売り手（売主）と買い手（買主）がお互いに給付をし合う関係にある契約は,どの給付に注目するかにより,債権者と債務者が入れ替わるっていうわけだ。だから,正解は,

「AさんもBさんもどちらも債権者で，どちらも債務者だ」ということになる。

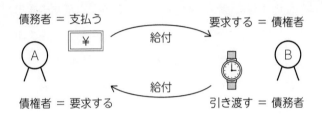

 なるほど，そうなるのですね。でも，法律では，どうしてそこまで抽象的な言葉を使わなければいけないのでしょうか。

それがとても便利だからかな。あるいはそういう表現を使わないと書ききれないからかな。法律上，契約をする人はその契約の相手方と自由に内容を決められるのが原則だ。だから，現実の世界では，債権・債務関係で問題になる「給付」の内容も千差万別でその内容は無限にある。そんな給付の内容を，いちいち全部あらかじめ条文に書き尽くすことは絶対に不可能なんだ。けれども，「債権」「債務」という抽象的な用語を作りだすことにより，その膨大な具体例をぜんぶひとことで言いあらわすことができるようになる。これは考えてみると素晴らしい知恵だ。

まだよくわからないな。どういうこと？

 たとえば民法415条1項では、「債務者がその債務の本旨に従った履行をしないとき又は債務の履行が不能であるときは、債権者は、これによって生じた損害の賠償を請求することができる。」とされている。これは、すべての契約形態に適用できるルールで、すべての契約の当事者たちに適用できる条文なんだ。さっきの腕時計の売買の例でいえば、Aさんが腕時計を受け取っても代金を払わなかったり、Bさんが代金を受け取ったのに腕時計を引き渡さなかったりした場合、AさんもBさんも、どちらもこの同じ条文を根拠にして、相手に損害賠償請求ができる。いろいろな場合に、ひとつの条文で対応することができるんだ。抽象的な法律用語には、難しさだけでなくて、そういう便利さや、ありがたさもある、っていうことを実感できるかな。

 少しわかったかな。でも、まったく聞いたこともない法律用語で、あまりにも難しいやつもあるよね。

 うん、たしかに。日常ほとんどお目にかからない専門用語もある。たとえば民法総則でいえば、「成年被後見人」「成年後見人」「被保佐人」「保佐人」「被補助人」「補助人」「制限行為能力者」なんていうのは、ふだんの生活ではあまり目にしないね。

砂をかむような用語が並んでますね。

 そうだね。あえて否定はしないよ。

 あ，いま気づきましたが，「ほさにん」は「保佐人」って書くのですか。「補佐人」じゃないんですね。

 よく気づいたね。法律用語は日常用語ではないから，その表記も要注意なんだ。「意思表示」は「意志表示」とは書かないし，「きょうはく」という同じ音で，意味もかなり似ている言葉が，刑法では「脅迫」，民法では「強迫」と別の漢字で書き分けられたりする。

 もう何から何までちんぷんかんぷん。

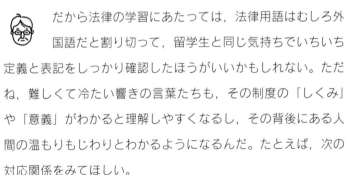 だから法律の学習にあたっては，法律用語はむしろ外国語だと割り切って，留学生と同じ気持ちでいちいち定義と表記をしっかり確認したほうがいいかもしれない。ただね，難しくて冷たい響きの言葉たちも，その制度の「しくみ」や「意義」がわかると理解しやすくなるし，その背後にある人間の温もりもじわりとわかるようになるんだ。たとえば，次の対応関係をみてほしい。

未成年者 － 親権者（親権者がいない場合は未成年後見人）
成年被後見人 － 成年後見人
被保佐人 － 保佐人
被補助人 － 補助人

　　　前のほうに書いてある未成年者，成年被後見人，被保
　　　佐人，被補助人のことを，総称して「制限行為能力者」
って呼ぶ。財産取引をするときにその人ひとりだけでは完全な
契約などができないと法律で決められている人たちのことだ。
単独で完全な契約をする法律上の能力が制限されている人とい
う意味だよ。そして後のほうに書いてある親権者，未成年後見
人，成年後見人，保佐人，補助人が，それぞれの制限行為能力
者に対応する「保護者」にあたる人だ。たとえば判断力が未熟
な子ども（未成年者）や，老齢で正常な判断力を失ってしまっ
た人（成年被後見人）が，単独で完全な契約ができてしまうと，
だまされたり，不利な条件を押し付けられたりして，財産を簡
単に失ってしまう危険があるよね。

　　　悪徳セールスにひっかかったお年寄りが，よく理解で
　　　きないうちにたくさんの保険契約を結ばされて高額の
保険料を支払ったり，家屋の不必要なリフォーム工事の契約を
何度も結ばされたりする事件のニュースを，たしかに聞いたこ
とがあります。

まさに，そうした危険からその人たちを守るために，法律上の保護者の制度があるんだ。ただし，親権者，未成年後見人，成年後見人，保佐人，補助人は，みんな保護者だけれども，役割が少しずつ違う。その細かい区別は民法の授業でこれから勉強すればいい。ここで知っておいてほしいのは，そういう複雑で入り組んだ制度が作られている背景には，「弱い立場にいる人をその弱さの程度に応じて，その人の自律性にも敬意を払いつつ，必要な範囲で保護しなければならない」という人間的な情熱や配慮があるということ。どうだい，シッシー，これでもまだ冷たい感じがするかい。

温かさがあるっていうことは少しわかったかな。ところで，「せいねんこうけんにん」と「せいねんひこうけんにん」は一文字違いだけれど，何が違うの？

成年後見人と成年「被」後見人だね。この「被」の字は，法律用語にはよく登場する文字で，受動，受け身をあらわす。つまり「〇〇される」という意味なんだ。「成年後見人」は「成年者の後見をする人」，「成年被後見人」は「成年者で後見をされる人」ということになる。ちなみに未成年が成年になる年齢を「成人年齢」というんだけれど，民法の改正によりそれが引き下げられて，2022年（令和4年）3月31日までは「20歳」，同年4月1日からは「18歳」が成人年齢だ（民法4条）。

「被」は「○○される」っていう意味なんだね。「被告」の「被」もそうなの？

そのとおり！　「告」はここでは「裁判所に訴える」という意味合いで，「被告」は「裁判所に訴えられた」側っていうことだね。

「コクられた」側じゃないのか。がっかりだな。ドキドキして損しちゃった。なにしろ恋は人生でいちばん大事なものだからね。

先生，シッシーが遠い目をしちゃってます。

VI 法律が踏み込んではいけないもの，そして，おカネについて

ところで先生，法律ってそういった抽象的な言葉を駆使して，人間社会のことをすべて網羅的に決めているのでしょうか。

すべてではないね。さっきからシッシーがいいコト言ってた。人生にとって大切なのは，おカネの貸し借りなんかじゃなくて，信頼とか，希望とか，友情とか，勇気とか，そしてなにより恋愛だって。

知らないうちにまた手柄をたてちゃった。**がおっ！**

お，控え目に吠えたね。では，ここで質問だ。恋ってそりゃステキなものだけれど，成就するとはかぎらないよね。好きな人にフラれてしまったとき，裁判所に訴えようと思うかな。「あの人に私を好きになるよう命じてください」って訴訟を起こすかな？

馬鹿げたことおっしゃらないでくださいよ，そんなこと考えないに決まってるじゃないですか。

それはどうして。

 うーん，恋は，ルール，つまり法律なんて関係ないのではないでしょうか。「恋と戦争は手段選ばず」（All's fair in love and war.）っていう名言もありますし。

 戦争には戦時国際法っていうルールがちゃんとあるよ。それに恋心が募りすぎて嫌がる相手に付きまとったりすると，「ストーカー行為等の規制等に関する法律」で警告を受けたり処罰されたりすることもあるよ。つまり戦争同様，恋にもルールがあるんじゃないの。

 揚げ足とりがうまいなぁ。これだから法律家は理屈っぽくてイヤなんですよ。あ，ごめんなさい，いまのは聞かなかったことにしてください。

 いまワッシーの心の深いところにある声が「だだ漏れ」しちゃったね。優等生の君でもそんな失敗をすることがあるんだな。でも君のこと好きだよ。失敗しない人ってあんがいつまらないからね。

 心の深いところにある声か……。あっ，シッシー，すばらしいヒントありがとう。答え直します。恋心は心の奥深いところの動きだから，裁判所が命じてもしょせんどうにもならないものだからではないでしょうか。

 そうだ，そこさ。法は人間の内心，つまりその思想や良心，ましてや友情や恋心そのものには踏み込めない

し，踏み込んではいけないんだ。せいぜい，法ができるのは，人間の外面的な行動を規制することだけだ。ストーカー行為は「付きまとう」という外面的な行動だから規制対象にできる。でもストーカーの恋心そのものは，残念ながら，国家機関である裁判所がどうすることもできないものだ。ちなみに憲法は「思想及び良心の自由は，これを侵してはならない。」（19条）としているね。シッシーのいう人生の一大事である恋愛感情なんかを，法はそれ自体としては扱うことはできないし，もしかりにその「心の聖域」に国家機関が土足で踏み込もうとすると，耐え難いほどひどい副作用が起きてしまうことになるだろう。

 法は，結局ツマラナイし，無力なものだってことになっちゃうの？

 限界がある，ということは確かだ。たとえば，さっき例に挙げた主物と従物を規定する民法は，人間世界のすべて森羅万象を扱うものではない。市民社会における市民相互の関係を，財産関係を中心として規律するものにすぎない。法令にはそれぞれ目的と守備範囲があって，「その限度」で人間世界を切り取り，人間世界とかかわるものなんだ。そういうことを理解していれば，法令に失望するということもなくなるかもね。

 ちょっとよろしいですか。いま民法は財産関係を中心に規定している法律だっておっしゃいましたね。

うん。

 そのせいだとは思うんですが，これまで先生が挙げて くださった例は，物の売買だの，主物と従物の関係だ の，単独で契約の当事者になれる能力だの，財産やおカネの話 ばかりです。損害賠償の話も，要するにおカネで解決するって いう話です。

 そうだね。

 なんだか，そこが，ちょっと引っかかるんです。法っ て，つきつめると，「しょせんおカネの話」になっち ゃうのか，って思いまして。

 ワッシーもわかっているとおり，民法の財産に関する 法の例を挙げたから，どうしてもそういう印象が強く なる。でも，裁判所が，健康被害や日照被害が生じることを理 由に工事を差し止めたり，労働者の不当な解雇を無効だとした り，離婚がまとまらない夫婦を離婚させたりすることもあるか ら，裁判は，ぜんぶおカネの話ばかりだとはかぎらない。さら にいえば，犯罪と刑罰に関する刑事法の話はまったく別さ。刑 事法の議論の中心は，何が犯罪になるか，犯罪の成立をどのよ うな手続で確定するか，有罪が確定した人をどのように処遇す るか，という問題だからね。

それを聞いてちょっと安心しました。

 うん，少し法律を見直した。

 でもね，2人に聞くけれど，おカネや財産は本当に「人生の一大事」ではないのかな。裕福な家に生まれて，一生おカネに困らない人もそりゃいるさ。そういう人にとっては，おカネの話はたいした問題ではないだろうけれど，世の中には，明日の食事に困るような貧困にあえいでいる人もいる。昼夜必死に働きづめでやっと子どもを育てているひとり親もいる。経営していた会社が倒産して多額の借金を背負ってしまう人もいる。なけなしの貯金を特殊詐欺犯に根こそぎだまし取られてしまう老人もいる。そういう人たちの前で，しょせんおカネの話だなんていえるかな。

 ……。

 もうひとつ考えてほしいことがある。それはね，おカネくらい普遍的で便利な価値尺度はほかにない，ということだ。

 どういうこと？　もっとやさしい言葉で話そう。

 ごめん。物を壊した人に弁償してくれと言ったり，ケガをした人が加害者に治療費を払ってくださいと言っ

たり，貸したおカネを返さない人に返してと言ったりする場合
は，まさにおカネが最初から争いの対象になっているからわか
りやすいね。

 それはわかる。

 でも，財産以外の損害，たとえば精神的苦痛などもお
カネで賠償請求できることになっている（民法710
条）。法の世界では，財産以外の損害もおカネに換算できるわ
けだ。

 精神的苦痛までおカネに換算できるって少し無理があ
りませんか。心の痛手はおカネに換算できるのかなぁ。

 それでも，割り切って，おカネに換算することにして
いる。これを「いしゃりょう」っていうんだ。漢字で
書くと，慰藉料または慰謝料。前の漢字表記は日常生活ではあ
まり見たことがないかもしれないけれど，読み方は「いしゃり
ょう」。間違って「いせきりょう」なんて読まないようにね。

 慰謝するって，文字どおり，なぐさめるっていう意味
ですよね。おカネで心の痛手がなぐさめられますか。

 だからそこを法は割り切ってしまうんだ。一種のフィ
クションといってもいいかもしれない。精神的損害も
おカネに換算できる，法の世界ではそういうものとして扱おう，
というわけ。

おカネをもらうより，心から謝ってくれたほうがいい
ような気がするけど。

 それはね，さっき話した恋愛と同じことなんだ。心か
ら謝るというような人間の深い心の動きを，法や裁判
はコントロールできないんだ。名誉毀損（めいよきそん）をした人に，謝罪広告
を出すことを裁判所が命じることがある。それを強制すること
は思想・良心の自由を規定する憲法に違反しているのではない
かという議論があるけど，最高裁判所の判例は，これは憲法違
反ではないと判断している。でも，この場合，命じられた人が
外形的に謝罪広告を出したとしても，心の底から謝っているか
どうかは，誰にもわからない。裁判所に命令されて謝るのであ
れば，その時点でもう「心からの謝罪」ともいえないかもしれ
ない。とにかく，人の心のもち方は，その人以外の誰にも確か
められないし，裁判所がそれを左右することはできない。

 じゃあ，仕方がない，おカネにするよ。

 そうだね。それが賢明だね。実際，いろいろな紛争を
解決する際に，お互いが争いをやめるために，示談金（じだんきん）
や，和解金という名目で，おカネのやりとりを行うこともある
よね。それによって，当事者それぞれが，いろいろな思いがた
まっている複雑な争いを，やめることができる。

 示談金っていう言葉，たしかによく耳にします。

ね，そうだろ。よく考えてごらん，おカネ以外に，こんなにみんなが共通の価値尺度として受け入れられるものが，この世にあるだろうか。たぶんないんじゃないか。

 まあそうかな。人間の世界ではそうかもしれないね。

 だから法律を学ぶうえでは，おカネを馬鹿にしてはいけないし，ましてやキタナイものだなどと思ってはいけない。それどころか，おカネはすごいよ。それがやりとりされることでいろんなことが収まるんだから。おカネには人間社会の知恵がつまっている。ちなみに，労働基準法という法律は，労働者の賃金は「通貨」つまりおカネで支払わなければならない（24条）とわざわざ決めている。そう考えるとこれも味わい深い規定だよ。

 おカネかぁ。これまで，あまり考えたことがなかったけれど，たしかにすごい発明なのかもしれないな。サバンナの世界ではおカネでモノを買ったり売ったりすることはない。奪ったり奪われたりはするけど。でも，もし，狩りをするのに，足の速いチーターを雇えたら便利だな。おカネってすばらしいかも。

VII

刑事法で問題になること，そして，条文の背後に隠れた秩序や意味

先ほど先生は，罪と罰に関する「刑事法」の話は，「何
が犯罪になるか，犯罪の成立をどのような手続で確定
し，有罪が確定した人をどのように処遇したらいいか」という
問題が中心になるから，おカネの話が中心にはならない，って
おっしゃっていましたよね。

うん。そう言った。

その「刑事法」とやらの話を，もう少ししてもらえま
せんか。

ああいいよ。話がこんがらがるといけないから，まず
は基本用語から説明するね。

たのみます。

何が犯罪になるかを決めている法律を「刑法」とい
うんだ。みんながよく知っている犯罪，たとえば，殺人，
傷害，強盗，詐欺，窃盗といった犯罪類型は，まさに「刑法」

という名前のついた法律に決められている。けれどもそれ以外の細かな法律（特別法）にも犯罪となる行為が定められていることがあって，そういった規定も含めた広い意味で「刑法」と呼ぶことがある。つまり，「刑法」という用語は，まさにそういう名前がついた法律だけを指すこともあれば，もっと広く使われることもあって，その場合は，個々の法律の名称ではなくて，一種の法分野の名前だね。

 ずいぶんわかりにくい話ですね。

 最初はとまどうだろうね。このことはじつは他の法分野にもいえる。「民法」と言うときは，「民法」という名前のついた法律だけを指すこともあれば，それ以外の特別法を含めた法分野の名前として民法と言うこともあるんだ。

 法学部の授業には「行政法」っていう名称の講義もあるって聞いていますがこれも同じですか。

 ちょっとトリッキーで恐縮だけれど，「行政法」という名称の法律はないんだ。だから，「行政法」は最初から法分野の名前だね。

 なにそれ，カンベンしてよ，そんなのわからないよ。

 徐々にわかるようになるって。理屈ではなくて慣れも必要なんだ。外国語を勉強するときなんて，いくらでもそういうことがあったはずだよ。

すぐには例が思い当たりませんが。

 そのくらい気にならなくなっている，っていうことだよ。たとえば，ほら，みんなよく知っている英語のdoとsoの発音。どうして「ドゥー」と「ソー」なの。

 何か変ですか。

 あーそのくらいならボクも知っているよ。ぜんぜん気にならないよ。

 じゃあ聞くけれど，doを「ドゥー」と発音するなら，soは「スー」にならないとおかしくないかい。そして，もし，soが「ソー」なら，doは「ドー」になるはずだよね。

 言われてみると，たしかにそうですね。

 つまり英語の発音は，理屈では理解できず，「そういうものだ」と棒をのみこむようにただ覚えるものだったはずだ。でも，いったん慣れると，そんなことはすっかり忘れてしまって，doとsoがそれぞれ「ドゥー」と「ソー」であっても，まったく気にならなくなる。そういう知識って，じつはいっぱいある。刑法や民法という用語は法律名と分野名で使われることがあり，行政法は法律名ではなくて分野名だ，なんてことも，慣れれば，なんていうことはない当たり前の知識

になるのさ。

 なるほど，そういうものか。

 さて，本題の「刑事法」の話だ。まず，「刑法」という名前の法律には，主要な犯罪のカタログとその成立要件が規定されている。つまり，どういう要素がそろうと，どういう犯罪が成立し，どんな刑罰が科されるか，ということが書いてあるんだ。そして，そのような犯罪が成立するかどうかを決める裁判手続は，「刑事訴訟法」っていう法律が定めている。この2つの法律や，それ以外の犯罪と刑罰に関する法律をぜんぶ合わせて「刑事法」というんだ。これはもちろん分野名。ついでに言うと，「民法」の適用を決める裁判手続を定めている法律は「民事訴訟法」といって，この2つの法律をはじめ民事一般にかかわる法律を「民事法」という。刑事の場合とまったく同じだ。念のため，言葉の指す範囲の大小関係を示すと，こうなるよ。

法律名としての「刑法」
　＜ 分野名としての「刑法」
　　＜ 分野名としての「刑事法」

法律名としての「民法」
　＜ 分野名としての「民法」
　　＜ 分野名としての「民事法」

わかりました。

 さっきは，「民法」の「主物」と「従物」に関する具体的な規定を紹介したけれど，刑事法の話だから，「刑法」の規定も具体的に紹介しておこう。とりあえず，下の4つの条文をまとめて紹介しよう。『ポケット六法』も開いてごらん。

【刑法38条1項】
罪を犯す意思がない行為は，罰しない。ただし，法律に特別の規定がある場合は，この限りでない。

【刑法199条】
人を殺した者は，死刑又は無期若しくは5年以上の懲役に処する。

【刑法210条】
過失により人を死亡させた者は，50万円以下の罰金に処する。

【刑法211条】
業務上必要な注意を怠り，よつて人を死傷させた者は，5年以下の懲役若しくは禁錮又は100万円以下の罰金に処する。重大な過失により人を死傷させた者も，同様とする。

 あー，見るだけで，アタマが痛くなりそうだ。

字面だけみていると，ツライよね。わかるよその気持ち。

 私もツライです。

 では，もし，こう書いてあったらどうだい。

【刑法 38 条 1 項】

犯罪を処罰するのは原則として故意があるときだけだが，「特別の規定」があれば例外的に故意がなくても処罰できる，とする規定。

【刑法 199 条】

故意で人を殺す殺人罪（原則どおり）を処罰することを定める規定。

【刑法 210 条】

故意ではなく過失で人を死なせる過失致死罪（例外①）を処罰することを定める規定。

【刑法 211 条】

業務上過失致死罪（例外②）と重過失致死罪（例外③）を処罰することを定める規定。なお，業務上過失致傷罪，重過失致傷罪も合わせて規定している。

 だいぶわかってきました。先生の挙げた条文たちは，38 条 1 項に定められている「原則」と「例外」の一

例なのですね。

 そうなんだ。199条が原則どおりの故意殺人罪で，210条と211条はいろいろな種類の過失犯を例外的に処罰するための規定，38条1項にいう「特別の規定」なんだ。

なるほど「特別の規定」ってそういう意味だったのか。

そうなんだ。法律の条文の字面だけに目を奪われていると，こういう条文相互の関係が見えにくい。この煩雑な条文，しかも複数の条文たちのうしろに隠れている整然とした秩序を理解すると，なんだか見晴らしがよくなるだろ？それが大切なんだよ。個々の条文に書かれていることも重要だけれども，こういう「大きな構造」を理解することも法律の勉強では大事なんだ。それを理解できたときの，「ああ，そうだったのか！」という霧が晴れるような喜び，雲が晴れるような爽快感を早く君たちにも経験させてやりたい。

でもね，先生，38条と199条以下の条文たちはものすごく離れたところにあるよ。そんなに離れたところにある条文同士が関係し合っているなんて，わからないよ。

たしかに『ポケット六法』では，38条と199条以下は10ページ以上も離れていますね。どうしてそんな関係があるって，すぐにわかるんですか。

それは刑法という法律の構造を知っているかどうかなんだ。法律の条文というのは，置かれている場所によって守備範囲が違う。38条1項の置かれている場所は刑法の「第一編　総則」という部分だ。それに対して，199条，210条，211条は「第二編　罪」という部分に入っている。

『ポケット六法』の「刑法」の目次を見て，いま確認しました。

「総則」は，読んで字のごとくgeneral rule つまり一般的ルールということだ。さっき民法でも総則の規定を例に挙げたね。刑法の第一編「総則」には，第二編の「罪」の全部に適用される規定が集めてある。38条1項の条文が，個別の犯罪の名前に触れず，「罪を犯す意思」という一般的な言い方をしているのは，そのためなんだ。ここでいう「罪」は，第二編で「罪」とされている犯罪全部だっていうことだね。いま紹介した殺人罪にかぎらず，傷害罪，窃盗罪，詐欺罪，強盗罪，放火罪，わいせつ罪，賭博罪などなど，すべての罪について一般的に言っている。

ということは「過失〇〇罪」というのは，「〇〇罪」の部分がどんな名称の犯罪であっても，それを処罰するとはっきり条文に書いてないかぎり，処罰できないっていうことになるんですか。

そのとおり！　六法に載っている法律の条文を繰り返し読んでも，こういうことを理解するのは結構難しい。

授業に出席して講義を聴いて先生に教えてもらったり，教科書を読んで勉強したりするほうが，ずっと効率がいい。

ついでに教えてほしいんだけど，故意だと犯罪になるけど過失だと処罰されないものには，どんなのがあるの。そもそも「故意」とか「過失」とか，それも説明たのみます。

ごめんごめん。詳しいことは刑法の授業で勉強することになると思うけど，今は故意は「罪を犯す意思」，過失は「うっかり」と思ってくれれば十分だよ。それで，過失で人を死なせてしまったり，ケガさせてしまったときは，さっきの規定があるから処罰されるけれど，過失だと処罰されない犯罪の例はいろいろある。信書開封罪（刑法133条），脅迫罪（222条），名誉毀損罪（230条），侮辱罪（231条），窃盗罪（235条），詐欺罪（246条）などなどさ。

サバンナの猛獣はみんな怪力で，爪やら牙やらもっているから，過失傷害くらいまでは日常茶飯事かな。挨拶代わりの過失傷害をいちいち犯罪になんてしちゃいられない。

物騒だなぁ。人間の世界では挨拶代わりに引っかいたり，かみついたりしないから，過失傷害も犯罪になる。そして過失，つまり，「うっかり」の程度によって扱いの差があるんだ。さっき，人を死なせてしまった場合の条文を見て気づいたと思うけど，単純なうっかりと，業務上のうっかりと，重大なうっかりがある。単純な過失だったら，業務上の過失や

重大な過失より非難される度合いは低い。そこで，単純な過失で人にケガをさせてしまう過失傷害罪は，「親告罪」（209 条 2 項）だとされている。でも業務上の過失で人にケガをさせる罪（業務上過失致傷罪）や重過失で人にケガをさせる罪（重過失致傷罪）は「親告罪」ではない。

 え，なんですって？　シンコク罪？　深刻罪？　申告罪？

 新国劇なら聞いたことあるよ，「赤城の山も今宵限り，いよっ，国定忠治！」ってね。

 失礼します。検索結果をお知らせします。新国劇でございますが，1987 年（昭和 62 年）にとっくに解散・消滅しております。

 シッシー，なんだか君おかしいぞ。さっき君は「デモシカ」のところで，ボクの「中の人」はアオキ先生じゃないか，って疑っただろ。どうも，君のほうがあやしいな。言うことが古すぎる。君こそ「中の人」がアオキ先生じゃないのかい。

あ，そのへんは気にせずに行こう。「しんこくざい」は「親告罪」って書くんだ。どういう犯罪かというと，「告訴がないと公訴を提起できない」犯罪のこと。「親」の字は「みずから」つまり「自分自身で」という意味だ。手紙に「親展」と書いたら，宛名の人以外は開けないでください，必ず宛名の人が自分自身で開けてください，という意味だよね。だか

ら，親告罪は，被害者が自ら告訴しないと公訴を提起できない犯罪という意味になる，というわけ。

あのねぇ，どうしてもっとやさしく話せないのかなぁ。ボクには「告訴」も「公訴」もわからないんだよ。

すまないねぇ。たしかに法律用語の定義を説明されても，その定義に使われている別の法律用語の意味がわからないから結局わからない，っていうことは初学者にはよくあることだよ。「告訴」は，犯罪の被害者などが捜査機関に犯罪事実を申告して，犯人を処罰してほしいという意思表示をすること。一方，「公訴の提起」は「起訴」とも言われ，検察官が公の立場から刑事事件について裁判所の裁判を求める申立てのことさ。

まだわからない。もっとかみ砕いて。ボクが獲物の骨をかみ砕くときみたいに，念入りにね。

犯人を処罰してくださいって犯罪被害者が警察や検察に言うのが「告訴」，この人が犯人だと思うので判断のうえ処罰してくださいって検察官が裁判所に訴えるのが「公訴の提起」。これでどう。

すこしわかりやすくなったよ。

似たような言葉が多くて覚えにくいですね。

でも，そこはがんばって，用語を正確に覚えないといけないんだ。外国語を学ぶつもりで法律用語の厳密な意味を確認したほうがいい，と前にも言ったとおり。

ちょっといいかな。いま，先生は，さらっと，検察官が刑事事件の裁判を申し立てるって言ったけど，裁判を申し立てるのは原告じゃないのかな。

それは民事事件の場合だね。刑事事件の場合は民事事件の原告と同じような役割を果たすのは，検察官と呼ばれる人たちだ。ついでに言うと，検察官に起訴された人，公訴を提起された人が被告人と呼ばれる。図式的に書くと，次のようになる。「裁く人」は民事・刑事どちらの裁判でも裁判官。ただし，一部の重大犯罪を裁く刑事裁判では，裁判官と一緒に一般市民から選ばれた裁判員がそこに加わる。

	訴える人	⇔	訴えられる人
民事裁判：	原告	⇔	被告
刑事裁判：	検察官	⇔	被告人

犯罪の被害者やその家族が裁判所に犯人を訴えるわけじゃないのか。

そうなんだ。そこは注意が必要だ。被害者が捜査機関，つまり警察や検察に犯人を処罰してほしいという意思を伝えることはできる。でも，起訴するかどうかの判断は検察

官が行っている。検察官は「みんなの利益」を代表して，難しい表現をすると「公益」の代表として，裁判を申し立てて，被告人の犯罪を立証しようとする。

 さっき話題にした「親告罪」との関係はどうなりますか。

 過失傷害罪（刑法209条）や器物損壊罪（261条）など，一部の犯罪は例外的に親告罪とされていて，被害者が処罰してほしいという意思を表示した場合だけ検察官が起訴できることになっている。でも，これはあくまでも例外。多くの犯罪は被害者の処罰感情とは無関係に起訴できることになっている。なにしろ犯罪は被害者だけの問題ではなくて，社会全体の問題だからね。

 刑法や刑事裁判って，なんだか固いというか，整然としているというか，厳粛というか，とにかくきっちりした印象がありますね。

 そうだね。その印象は当たっているよ。刑事裁判にかけるかどうかは，検察官が判断する。その判断は，親告罪という例外はあるけれども，被害者の意思に左右されることなく公益の立場から行われる。裁判は刑事訴訟法に規定された厳格なルールに従って進み，犯罪の成立の有無が審理される。有罪とされると刑罰を科される。刑罰は，とても厳しくて，被告人の基本的人権にかかわる。懲役刑なら自由を，罰金刑なら財産を，そして死刑なら生命さえ奪ってしまう。だから，有罪・

無罪を確定するための手続が厳格かつ慎重に定められている。

厳粛な気持ちになりますね。

ところで，刑事裁判で被告人を有罪にするためには，その被告人が行ったことが犯罪だということが，「その行為が行われる前に」法律で定められていないといけないんだ。そうでないときは処罰できない。

どんなに「いけないこと」をやっても処罰できないの？

そう。それを処罰する規定があらかじめ定められていないかぎりは，処罰されない。あとから法律を作って，時間をさかのぼって過去の行為を処罰することはできない。これを罪刑法定主義というんだ。「法律なければ犯罪なし，法律なければ刑罰なし」っていう標語で言いあらわされることもある。

悪いヤツを野放しにしちゃっていいのかな。

みんなの大切な自由を守るためなら仕方ない。

みんなの自由？

そう。

みんなの安全のために処罰する，ならわかるけど。

 いや，みんなの自由のために処罰しない。

 どういうこと？

 何が犯罪になるかを知らされていれば，犯罪にならないとわかっていることは安心してやれるよね。でも，あとから犯罪を決めて過去にさかのぼって処罰できるとすると，みんな怖くて自由に活動できない社会になってしまう。それをさけるために，処罰規定をあとから作って過去の行為を処罰することはできない，という原則が認められている。専門的な用語では「事後法の禁止」とか「刑罰法規の不遡及」っていう。そしてその原則を含んだ，より大きな原則が「罪刑法定主義」と呼ばれ，近代刑法の最重要原則のひとつになっている。

 では，「いけないことをした者はみな処罰する」って事前に決めておけばいいのではないですか。

 それもダメだ。罰則規定は「明確に」定められていなければならないという原則もある。

 どうして？

 「いけないこと」をやると犯罪になるというような漠然とした規定では，何が「いけないこと」かはっきり

しないから，やはり市民は安心して自由に活動ができないね。あいまいな刑罰規定は，たとえ事前に決めていたとしても，あとから規定を作って処罰するのと同じ。不意打ちで処罰できてしまう。

 不意打ちは，狩りの基本中の基本だよ。ボクらの世界では悪いことではないよ。

 それは狩りをする側の理屈だよ。いまは狩りをされる側の話をしている。

 跳ね屋のインパラとか。

 そう。逃げる側の話。

 お目々キョロキョロ，お鼻ヒクヒク，お耳ピンピン，逃げ足ピョンピョンの，あのインパラね。

 不意打ちがある世界だからね。インパラは四六時中安心できない。

 しろくじちゅう？　4時から6時までは安心できないの？

 いや，4×6＝24（しろくにじゅうし）だから，24時間，つまり一日中ってこと。

 じゃあ最初からそう言いなよ。知っていることをすぐひけらかすからな，先生は。

はいはい，ごめんなさいね。

 「はい」は1回でいいって，子どものとき教わらなかった？

 はい，教わりましたっ！　いちいち話の腰を折らないでよ。

 獲物の腰骨を折るのはもっと得意です。えへん，**がおぉぉぉっ！**

 無視しましょう。

 うん，そうしよう。で，何が言いたかったかというとだね，不意打ちで襲われる危険があるかぎり，インパラたちはサバンナで安心して自由に暮らすことはできないね，っていうこと。人間だって不意にいつ処罰されるかわからないような社会では自由にのびのび暮らせない。いつもおびえていなければならない。

 インパラは神様から与えられた仕事に生きがいをもっているんじゃないかな。ボクらに食べられるっていうステキな仕事。

 食べられることが生きがい。インパラたち逃げるよね。どうかわたしを食べてくださいって近づいてくるインパラなんている？

そんなヤボなインパラはいるわけないよ。インパラたちが一斉に逃げるときのジグザグピョンピョンときたら，それはそれは美しいんだ。追いかけながら思わずうっとりしちゃうほどだよ。インパラたちはそうやって，最後の最後まで，ボクたちを喜ばせることを考えてくれているんだ。ジグザグピョンピョンをやってみせずに自分から食べられに来るなんていうことは，ライオン思いのインパラにかぎって，ぜったいにありえない。

 無視しましょう。

 いや，こんどは無視しないでおこう。

 どうしてですか。

 シッシーがとても興味深いことを言ってくれているから。シッシーの考え方は強い者つまり「食べる側」の立場に立って，弱い者つまり「食べられる側」のインパラの立場をまったく理解していない。すべて自分の都合のいいように解釈しているよね。ボクが問題にしたいのは，ではどうして人間界の法原理では「処罰される側」のことも考えるんだろう，っていうこと。

法律を制定して処罰する権力者も，処罰される犯罪者も，どちらも同じ人間だからではないでしょうか。

まさにそのとおり。同じ人間だからね。ただ単に「人間である」というだけで，それ以外，血筋も能力も性別も年齢も一切考慮せずに平等なんだという思想さ。実際，人間社会では権力者が犯罪者になることはよくあるし，犯罪者が権力者になることだって，たまにある。つまり処罰する側もされる側もいつでも「入れ替わる」ことがある。そして人間はとても弱くて傷つきやすいものだということを，お互いに認め合っている。だからこそ弱者標準でルールを作る。

法律の処罰規定は，悪い人を処罰して，みんなの「安全」を守る法だとは思っていましたが，みんなの「自由」を守る法，みんなを「処罰から守っている」法だとは，考えたことがありませんでした。刑罰法規の内容を事前に明確に決めることで，処罰する力の及ぶ範囲をきっちり決めて，それが及ばない場所ではみんな自由に活動していいよ，と安心させる法でもある，ということですね。

そのとおり。刑事法を勉強するときも，やはり条文を丸暗記する必要はなくて，むしろ法令の条文たちの相互関係を理解して条文たちをまとめ上げている「秩序」を知り，個々の法原則や法ルールのもつ「意味」を理解することのほうが，ずっと大事だっていうことさ。条文の細かい表現は，六法やネットで確認できるから，全部覚えている必要はない。ただし，条文を要領よく探すためには，かなりの訓練が要るけど。

あ，ちょうどいま，条文を探していたところなんです。いま先生が説明してくださった刑法上の基本原理である「罪刑法定主義」ってやつは，どこに書いてあるのでしょうか。さっきから刑法という法律の条文を見ているのですが，それらしいものがみつかりません。

 みつからなくて当然だよ。それは刑法ではなく憲法に書いてあるんだ。具体的には憲法 31 条と 39 条さ。次のようなものだ。詳しい説明はしないけれど，この 2 つの条文が罪刑法定主義を定めている規定だと理解されている。

【憲法 31 条】
何人も，法律の定める手続によらなければ，その生命若しくは自由を奪はれ，又はその他の刑罰を科せられない。

【憲法 39 条】
何人も，実行の時に適法であつた行為又は既に無罪とされた行為については，刑事上の責任を問はれない。又，同一の犯罪について，重ねて刑事上の責任を問はれない。

 シッシー，この条文が読めるかい。

 えーっと。「なんにんも……」。

 はい，ストップ！ 「何人」は「なんにん」じゃないんだ。「なんびと」または「なんぴと」って読むんだ。

ボクは「なんぴと」がいちばん発音しやすいからそう読むことにしているけど，どちらでもいい。「誰でもみんな」っていう意味だね。

 さっき先生がおっしゃっていたとおり，誰でも平等にみんな，ってことですね。それにしても，刑法でいちばん大切な原理なのに，刑法ではなくて憲法に書いてあるって，わかりにくいなぁ。そんなことは教わらないと勉強を始めたばかりの者にはわかりませんね。しかも31条と39条もちょっと離れているから，この2つが同じ罪刑法定主義について定めているなんて，ちょっと想像がつきません。

 憲法は，刑法や民法といった法律の上位にある基本ルールなんだ。だから，個々の法律にとっての最重要原理が，個々の法律ではなく憲法に書かれていることがある。罪刑法定主義もその例だ。そして，さっき刑法の複数の規定の位置づけで話したのとまったく同じように，憲法の個々の条文も，相互関係や全体の構造の中の位置づけを知らないと，十分に読み解くことができないんだ。

 日本の学校では，憲法のことを早くから教わるって聞きましたが。

 たしかに，小学校から高校まで，憲法のことは民法や刑法よりずっとたくさん教わることになっている。

 それってやさしいから？

最後の条文が 103 条だから憲法はわりと短いですね。民法は 1050 条まであり，刑法も 264 条まであります。そう考えると，たしかにやさしそうです。

いや，憲法を早くから学校で教えるのは，やさしいからではなくて，いちばん大切だからかな。さっき話したように，法学部で憲法を学ぶときは，初めて習う民法や刑法と同じような苦労をしなければならない。それに，憲法がすべての法律の上にあるということは，憲法の規定はたくさんの法律に関係しているということを意味している。憲法の守備範囲は全法律に及ぶ。条文の数が少ないわりには範囲がものすごく広い。そこを考えるとむしろ難しいともいえる。

その難しさのこと，もう少し具体的に教えていただけませんか。

ああいいよ。憲法の適用が問題になる事件は，同時に民法の事件だったり，刑法の事件だったり，訴訟法の事件だったり，労働法の事件だったりする。それぞれの法律について十分な知識がない段階では，憲法に関する問題が審理された個々の裁判の内容について，十分に理解できないだろう。法律初学者が，まずは憲法から勉強しよう，というのは間違った考え方ではないし，多くの法学部でも憲法を早いうちに履修することを勧めているけれども，憲法の教科書や判例集に載っている個々の事件について，憲法しか勉強していない段階では十分に理解できなくてもしかたない。

それを聞いて少し安心しました。

 また時間がだいぶたったね。ここらで2回目の休憩
にしようか。

 それがよろしいかと。

 みなさんにお茶とお菓子をおもちしましょう。

VIII

法と裁判はどうして必要か，そして，どこが素晴らしいのか

さあ，また講義の再開だ。そもそもどうして法と裁判は必要なのだろう。この根源的な問いは，とても重要だけれど，個々の法分野の講義では，たぶん正面から扱われることはない。そんなことは当然の前提として先生たちは講義を始める。実際，もしそこから始めてしまったら，それぞれの先生が講義しなければならない憲法，民法，刑法，といった法の内容を講義しきれないからね。でも，この講義のように，法律を学ぶモチベーションを維持したり，かき立てたりする「心の持ち方」を「学び方」の中心に据えると，法や裁判が必要で意義のあるものだという確信がもてるということが大事になるね。

法や裁判というと，なんとなくメンドクサイもの，巻き込まれたくないもの，正直に言うと，イヤなもの，敬遠したいもの，という気がします。

その気持ちはよくわかる。当然と言ってもいい。法や裁判が姿を現すのは，法や裁判に頼らないと解決できないようなもめごとが起きたときや，犯罪が起きたときだ。紛

争や犯罪に巻き込まれながら暮らしたいなんて思う人は誰もいないさ。でも，長い人生では，いろんなことが起きる。つらいけれど，起きてしまうんだ。もめごとの当事者になってしまったり，不幸にして犯罪の被害に遭ってしまったり，はからずも犯罪者になってしまうことだってある。残念ながら，人生というのは，そういうものだ。人と人の摩擦や衝突がまったく起きない社会は，想定できないんだ。ウソだと思ったら，周囲の大人に聞いてごらん。紛争や犯罪と無関係に，何十年も平穏無事に生きてこられた幸せな人は，ほとんどいないはずさ。誰も病気になりたいと思ったり，入院したいと思ったりはしない。でも病気になってしまうし，入院しなければならないこともあるよね。そのときお医者さんや病院は絶対に必要なものだし，ありがたいものだよね。法と裁判もそれと似ている。

サバンナの動物にはお医者さんもいないし，裁判所もないよ。自然のままに生きるか死ぬか，力づくで勝つか負けるか。ただそれだけ。

人間社会はそれとはぜんぜん違う形に発展してきた。この講義の最初のほうでシッシーが弱肉強食の世界の話をしてくれたよね。その話をもう一度考えてみよう。シッシーたちの生きているサバンナでは，強い動物が弱い動物を食べ，もっと強い動物がその強い動物を食べるという，むきだしの力関係があった。そこで一生懸命生きている動物はけなげだし，運命に従って淡々と死を受け入れるその命は，はかなくも美し

い。でも，人間は，いわばそういう動物としての本能に逆らって，そこからあえて抜け出して，体の弱い人も力の弱い人も，どんな肌の色の人も，どんな性別の人も，みんな同じように平等なチャンスを与えられる社会を作ろうと努力してきた。もちろんその理想は地球上であまねく実現しているとはいえないし，個々の問題の力の入れ方にも国や地域が違えばあきらかな差がある。

 奴隷制度や女性差別の廃止のことをおっしゃっているのでしょうか。

 そうだ。アメリカで奴隷解放宣言がリンカーン大統領によって出されたのは 1863 年だったかな。長い人類史の中ではごく最近の出来事にすぎない。そしていまなお，奴隷同様に人身売買の対象となっている不幸な人たちが地球上には存在する。

 ときどき痛ましい報道があるね。

 あるいは，日本で女性が国政選挙に初めて参加して，選挙権を行使したのは 1946 年（昭和 21 年）のこと。第二次世界大戦後初めての衆議院議員総選挙で，女性が初めて投票し，39 名の女性国会議員が誕生した。それからまだ 100 年も経っていない。

 生まれた時，まだ女性に参政権がなかった世代の方もかなりご存命ですね。

身近なおじいちゃん，おばあちゃんですら，そんな時代に生きていたんだっていうことを考えると感慨深くないかい。

 不思議な気がします。

 女性に選挙権が認められないなんて「ありえない」ことだとみんな思っているだろうけど，日本で「当たり前」になったのもそう古いことではない。日本だけじゃなく，多くの国が女性参政権を認めたのはじつは20世紀になってからのことだ。21世紀に入ってようやく認めた国だって複数ある。現代日本の「当たり前」は，時代や場所が違えば，まったく当たり前ではない。

 ふーん。そうなんだ。おばあちゃんの時代のことなんて，考えたこともなかったな。サバンナの動物の世界では，人間の世界と違って，おじいちゃんもおばあちゃんも死んじゃってることが多いんだ。切ないけどね。

 サバンナのような厳しい世界では今日を生き延びることだけで精一杯，過去なんか振り返っていられないよね。でも，人間世界の法の大切さがわかるためには，過去を知ることがとても大事だ。たとえば，民法には「私権の享有は，出生に始まる。」（3条1項）という規定がある。「私権の享有」は難しい表現だけど，とりあえず「権利を持つこと」と理解してくれればいい。この規定は，人間は出生と同時に，つまり生

まれたとたん，私権の主体になる，ということを定めている。この条文にははっきり書かれていないけれども，人間は誰でも，分けへだてなく，生まれたとたん，権利の主体になるっていう意味だ。この規定のすごさ，わかるかな。あるいは，憲法に，「公務員の選挙については，成年者による普通選挙を保障する。」（15条3項）と書かれていることのすごさ，わかるかな。

 どこがすごいのか，一見しただけでは，わかりませんね。

 いったいどこにすごさがあるの？

 過去と比べてごらんよ。奴隷制度のあった時代には，奴隷は法律上の「物」として扱われ，物同様に売買されていた。奴隷は権利主体ではなかった，というわけだ。

 今は？

 現在の民法は，すべての人にその権利主体性を認めている。私権をもつためには，ただ生まれさえすればいいんだよ。行き着くところまで行き着いて，「すべての人」にその権利主体性が拡大された。

 なんとなくぴんと来ないな。

 それが「当たり前」になった世界に生まれ育った人には，その意義がかえって見えにくい。じつはこの法ル

ールそれ自体が，人間社会が長い苦闘の歴史の末にやっとたどり着いた，誇るべき到達点なんだ。人間はみんな平等で，私権をもつためには，ただ生まれさえすればいいんだ，ということになった。歴史の流れの中に置いてみると，民法3条1項が急に力強く輝いてくる。

 参政権もそうですか。

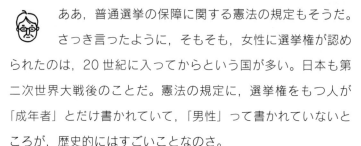 ああ，普通選挙の保障に関する憲法の規定もそうだ。さっき言ったように，そもそも，女性に選挙権が認められたのは，20世紀に入ってからという国が多い。日本も第二次世界大戦後のことだ。憲法の規定に，選挙権をもつ人が「成年者」とだけ書かれていて，「男性」って書かれていないところが，歴史的にはすごいことなのさ。

先生はいま私権に関する民法の規定について，「行き着くところまで行き着いた」っておっしゃいましたが，この規定にはこれ以上発展可能性はないということですか。

いや，そうともかぎらないよ。ボクが「行き着くところまで行き着いた」と言っているのは，人間についてのことなんだ。でも未来はもっとエキサイティングなことが起きるかもしれない。チンパンジーやゴリラ，場合によってはAIロボットが私権の主体になる時代が来るかもしれないよ。

 ライオンも入れて。

ワシもよろしく。

 えっ，まさかのダジャレ。

 いやたまたま音が同じだっただけ。そんなくだらない
冗談をワシが言うわけないだろう。また口が滑った。

 うふふ。夢は広がるね。抽象的な法規定も過去に照ら
してみるとその意義がわかり，しかも未来に開かれて
いるものだ，っていうことさ。ちょっとわくわくしてこないか
い。

 法ってあんがいダイナミックなものなんですね。

 そうさ，ダイナミックに発展し，しかも未来に開かれ
た人間社会の誇るべき宝物，それが法なんだ。

 先生の言いたいことは，言葉としてはわかるけど，ま
だ宝物だという実感まではもてないな。そんなにあっ
てよかった，って思えないけど。

 その実感は裁判について考えてみると，少しわかって
もらえるかもしれない。

 どういうことですか。

 法を使って，裁判によって紛争を解決したり，犯罪を
処理することには，どんな特徴があるだろう。ボクが

考えるのは次の 4 つだ。

> ① 法という「あらかじめ定められたルール」にみんなが従うこと。
> ② 「公平な審判者」が裁くこと。
> ③ 証拠と論理によって「理性的」に争い、「合理的」に裁くこと。
> ④ 裁判によりもめごとや犯罪の処理が「終わる」こと。

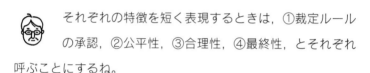 それぞれの特徴を短く表現するときは，①裁定ルールの承認，②公平性，③合理性，④最終性，とそれぞれ呼ぶことにするね。

 難しい話はカンベンしてよ。なんかイヤな予感がする。

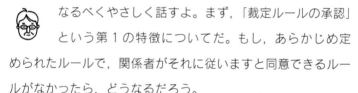 なるべくやさしく話すよ。まず，「裁定ルールの承認」という第 1 の特徴についてだ。もし，あらかじめ定められたルールで，関係者がそれに従いますと同意できるルールがなかったら，どうなるだろう。

 あ，それはサバンナと同じさ。力の強い者が勝つだけ。

 強者必勝，弱者必敗，弱肉強食，諸行無常。

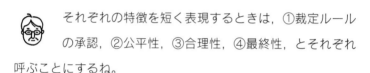 そのとおり。もめごとがこじれてしまって，じゃあひとつ裁判で白黒つけよう，となることは，人間社会で

はよくある。でも，考えてごらん，「それではあらかじめ決めたルールに従って裁判をやろう」とみんなが合意してくれる社会は，じつはそれだけでも，とっても幸せな素晴らしい社会なんだ。

 どういうことですか？

 もめごとが起きたとき，命がけの決闘を申し込み合ったり，一族郎党がみな武器をもって集団で殴り合ったり，ましてやひそかに殺し屋を雇い合ったりしない，っていうことだからね。

 あ，それはイヤですね。夜も安心して眠れない。

 そうでしょ。みんながそれに従うと約束できる法というルールがあって，もめごとを裁判という土俵で争うことにみんなが合意する社会は，じつは素晴らしい。

 毎日朝から晩まで命がけっていうスリルはないけれど，穏やかだね。

 そのような社会を実現して維持するためには，審判者の「公平性」はとても大事だ。これが第2の特徴。

 ねえ，裁判官って信用できるの？　ワイロとかもらっちゃう人とかいないの？

 そこは重要なことだね。裁判が公正だという信頼を社会の中で得るためには，まずは法ルールが正当なもの

だという信頼感がなければならないし，その法ルールの適用を判断してくれる裁判官が公平だという信頼感もなければならない。日本の場合，法ルールの正当性は民主主義によって支えられている。国民が選挙した代表者によって国会や地方議会が構成されて，その人たちが法を作っているから，国民みんなが参加して，間接的ではあるけれども，自分たちの手で法を作っていると考えることができる。自分で決めたことなんだから，自分も従うことに納得できる。

 でも裁判官は選挙で選びませんよね。

 そうだね，世界には裁判官を選挙で決めている例もあるけれど，日本では裁判官を選挙しない。裁判官の専門家としての判断（専門合理性）を，民主的基盤以上に重視している制度だともいえる。ただ，裁判官や裁判所が民主的基盤をまったくもたない，というわけでもない。たとえば，最高裁判所裁判官の国民審査という制度がある（憲法79条2項・3項）。最高裁判所の裁判官は任命後最初に行われる衆議院議員総選挙の際に国民審査を受け，またその後 10 年を経過したあと最初に行われる衆議院議員総選挙の際にさらに国民審査を受ける。具体的には「罷免を可とする」つまり「やめさせるべきだ」と考える最高裁判所の裁判官に国民が投票することができる。また，刑事事件の一部については，国民から選ばれた裁判員が加わる裁判員裁判が行われている。つまり，裁判官や裁判所は，

ある程度は民主的基盤をもっている。

 で，結局，信頼できるの，できないの？

 それは現在の裁判官任命システムへの信頼はもちろん，裁判官たちの努力にもかかっているかな。裁判官が高い倫理観と清廉さをもって職務にあたれば，国民はその判断を信頼する。でも，えこひいきしたり，ワイロを受け取ったりしたら，その信頼は簡単に崩れてしまう。さいわい現在のところ，日本は司法つまり裁判官への信頼が比較的高い社会だと言われている。実際，さまざまな信頼度調査の結果をみると，教師や政治家や官僚やマスコミに比べると，裁判官への信頼感はかなり高いという結果が出ているようだね。

 それはめずらしいことなのかな。

 司法つまり裁判所が不公平だと思っている人がかなり多い国もじつはあるようだ。でも日本でも安心は禁物だ。信頼感はあんがいもろいものだからね。一瞬にして崩れてしまうこともある。

 第3の特徴は「合理性」ですかね。

 そう，それも大事だよ。裁判所では，当事者がいきなり殺し合ったり，殴り合ったりはしないよね。あくまでも証拠を出し合い，自分の主張が法ルールに照らして正当で

あることを，公平な裁判官の前で，理性的かつ論理的に述べ合うことができる。裁判官も，証拠に基づいて，理性と論理により，合理的に判断してくれる。このことも第1の特徴について述べたのと同じように，考えてみたら，素晴らしくありがたいことだ。

 第4の特徴はなんだっけ。

 「最終性」って名づけられる特徴さ。簡単に言うと，裁判所という国家機関が，もめごとや犯罪認定を強制的に「終わらせる」っていうことだ。裁判によってそのもめごとや犯罪認定を終わりにできることは，もしかしたら，裁判のもつさまざまな特徴のうちでいちばん素晴らしいものかもしれない。

 どういうこと？

 さっき，ワッシーが，裁判はメンドクサイもの，巻き込まれたくないもの，イヤなもの，敬遠したいもの，って言っていたね。

 はい，言いました。

 でも，その思いは，これまでの話で少し変わってこなかったかな。

そうですね，少しだけ考え方が変わりました。でも，やっぱり巻き込まれたくないし，イヤだなぁ，っていう感じはぬぐえません。

 それはどこからくるんだろう。裁判自体の面倒さはたしかにあるね。手続の難しさはあるし，時間も労力もかかる。弁護士さんを頼むとおカネもかかる。でも，よく考えてほしい。いちばん巻き込まれたくなくて，いちばんかかわりたくないイヤなものは，むしろ裁判の対象になっているその「もめごと」や「犯罪」なんじゃないかな。

 そうかもしれません。

 民事事件を例にとると，訴えた人も訴えられた人も，多かれ少なかれ，困っていたり，悔しがっていたり，怒っていたり，悲しんでいたりするものだ。そういったマイナスの感情を抱えているから，早くそこから解放されたいし，晴れやかな心を取り戻したいと思っているだろう。そう考えると，裁判という国家制度は，その紛争を最終的に解決する手段であって，当事者はそれにより，もめごとを「終わりにする」ことができる。これは素晴らしいことだと思わないかい。

 でも，本当に裁判の結果が出たときに，もめごとを終わりにすることができるのでしょうか。

 もちろん，一方が勝てば，一方が負けるわけだから，裁判所はつねに，どちらの当事者も心から満足する裁

判をしてくれる，というわけではない。でも，裁判の結果が確定すれば，当事者はそれを受け入れざるをえないから，少なくとも「区切りをつける」ことができて，その意味で「終わりにする」ことができる。

 終わりにするって，そんなにいいことかな。

 当事者がみんな，訴えた側も訴えられた側も，そのもめごとにけりをつけて，新しい人生のために前を向くきっかけにすることができる。

 裁判の目的ってなんでしょうね。法律そのものには何も書かれていないのですか。

 民事裁判のやり方を決めているのは，民事訴訟法という法律だけれど，裁判所には公正さと迅速さを，当事者には信義と誠実に従って民事訴訟を行うことを要求している（2条）だけで，裁判の目的そのものについては明言していない。ただし学説では，民事訴訟制度の目的についての議論がある。その学説のひとつに「紛争解決説」というものがある。民事裁判の目的は「紛争を解決することだ」という考え方だ。ボクはこの考え方にいちばん共感する。

 「解決」ってなんでしょう。さっき先生がおっしゃったように，主張が認められないこともありますよね。

 だからこそ「解決」のいちばん重要な要素は「終わりにする」ということではないかと，さっきから繰り返

し言っているんだよ。主張が認められるかどうかは，もちろん当事者にとっては重大事だ。でも，その結果はどうあれ，裁判という最終的な紛争解決手続を利用することで，その紛争を「終わりにする」ことができるし，「区切りをつける」ことはできるし，「前を向くきっかけ」にすることはできる。それだけでも十分な意味をもつんじゃないかな。

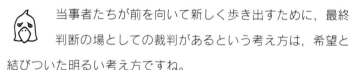

当事者たちが前を向いて新しく歩き出すために，最終判断の場としての裁判があるという考え方は，希望と結びついた明るい考え方ですね。

このことは，刑事裁判でも似たようなことが言えると思う。刑事裁判の結果により，加害者である被告人は，自分の罪に区切りをつけて償いの第一歩を踏み出すことができる。被害者も，正義が実現したという満足感が得られれば，理不尽で不幸な被害体験を「過去のもの」として消化するきっかけにできる。さらに，犯罪により秩序が壊された社会も，傷ついた秩序が修復されて，ふたたび平穏や平衡を取り戻す。そんなふうに考えることもできる。

Ⅸ

概念装置で見る新しい世界と
法律的な考え方

 先生は，法学が新しい世界を見せてくれる，っていう
ことについて，あとで語りたいっておっしゃっていま
したね。その話をまだ聞いていません。そろそろ聞かせてくれ
ませんか。

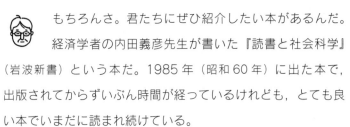 もちろんさ。君たちにぜひ紹介したい本があるんだ。
経済学者の内田義彦先生が書いた『読書と社会科学』
（岩波新書）という本だ。1985 年（昭和 60 年）に出た本で，
出版されてからずいぶん時間が経っているけれども，とても良
い本でいまだに読まれ続けている。

 何が書かれているの？

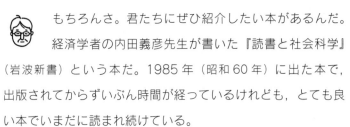 とくに印象的なのは物的装置と概念装置の話だ。

 その言葉はどういう意味ですか。

内田先生は，顕微鏡や望遠鏡を物的装置と呼んでいる。そういった物的装置，たとえば電子顕微鏡を使うことで，肉眼では見えない物質の構造を学生たちに見せてやることができる。そういうことをしてやれる自然科学の先生たちがうらやましい，って書いていらっしゃる。

 あれ，アオキ先生も同じようなこと言っていましたよね。

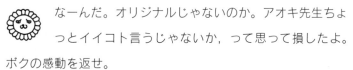 うん。内田先生のおっしゃったことに感銘をうけて，同じようなことを言ったんだ。要するにボクが真似をした。

なーんだ。オリジナルじゃないのか。アオキ先生ちょっとイイコト言うじゃないか，って思って損したよ。ボクの感動を返せ。

ごめん。でもとにかく素晴らしいたとえだから，内田先生のお考えを使ってもう少し議論を進めよう。社会科学者は，物的装置をもたないけれども，「脳中に概念装置を組み立てて，それを使ってものを見る」。すると「肉眼では見えないいろいろの事柄がこの眼に見えてくる」と，先生はおっしゃっている。

 概念装置って，具体的にはどんなものですか。まだよくわかりません。

 法学も社会科学の一部だから，法学で使う概念はすべて内田先生のいう「概念装置」なんじゃないかな。

それを使うと「見えなかったものが見えてくる」って
ところが，信じられないけど。ほんとなの？

うん。具体例で考えてみようよ。ねえ，ワッシー，こ
れまでの講義で話題にした法学上の概念ってどんなも
のがあったかな。

たくさんありました。主物，従物，当事者，第三者，
未成年者，親権者，未成年後見人，法定代理人，配偶
者，親族，相続人，本人，代理人，債権者，債務者，成年被後
見人，成年後見人，被保佐人，保佐人，被補助人，補助人，制
限行為能力者，意思表示，脅迫，強迫，契約，原告，被告，検
察官，裁判官，裁判員，被告人，損害賠償，精神的損害，慰謝
（藉）料，示談（金），和解（金），故意，過失，殺人，傷害，業
務上過失，重過失，信書開封，名誉毀損，侮辱，窃盗，詐欺，
告訴，公訴，親告罪，罪刑法定主義，事後法の禁止，刑罰法規
の不遡及，参政権，私権，普通選挙……。

ありがとう，もういいよ，完璧だよ，まいったよ。君
の記憶力すごいな。シッシーも何か付け加えたいもの
があるかい。

デモシカ，タラレバ，インパラ。

デモシカとタラレバは，ある時代に作り出された新し
い「概念」だね。インパラ同様に，法学上の概念では
ないけれどね。

で，そういったガイネンたちをアタマの中に組み立てることで，何かが新しく見えるようになるっていうのは，どういうことかな。

 では単純な例で考えてみよう。こんな設例はどうかな。

「私はのどが渇いていたので駅の売店でペットボトルのお茶を1本買うことにした。代金150円を支払い，お茶1本を受け取って，一気に飲み干した。」

 で，それが何か。

 この一連の出来事の法的意味を，法学上の概念を使って一コマずつ分解してスローモーション風に説明しなおすと，きっとこんな風になる。

「駅の売店にはペットボトルのお茶が陳列してあり150円という定価が表示されていた。売店は，買う人がいればその値段で売ります，という意思表示をしているのだ。私はのどが渇いていたので，店員さんに向かって，ペットボトルのお茶1本を150円で買いたいという意思表示をした。それにより，売店と私の双方の意思が合致した。売店は売買契約の申込みをし，私はそれを承諾したことになるので，ここに売買契約が成立した。その後，私は契約どおり150円を売店に支払い，同時に売店

も契約どおりペットボトルのお茶1本を私に引き渡した。契約当事者双方が契約の本旨に従った履行を誠実に行ったことになる。そしてその結果，ペットボトルのお茶1本の所有権は無事に私に移転した。所有権者はその所有物を自由に使用・収益・処分できるので，私はさっそくその権利を行使し，お茶を一気に飲み干した。」

 すみません，なんだか滑稽です。

 のどが渇いた人がお茶を買って飲み干すのは，ほんの1，2分の出来事だろう。数十秒かもしれない。それをあえてコマ送りのようにして法学上の概念を使いながら記述するとこうなる。

 いくらなんでもこんなこと考える人いませんよ。

 でも，こうしてみると，見えないものが見えていることに気づかないかい。

 ちょっとまって。そもそも「ペットボトルのお茶1本を150円で買います」なんていちいち言う人いないよ。ペットボトルのお茶を指さして「これください」と言って，150円を店員さんに払っているだけじゃないの。

 そうだね，駅の売店の店員さんに向かって，「あなたのお店の売買契約の申込みどおり私はこのペットボト

ルのお茶 1 本を 150 円で買います」なんて言っている人は見たことないね。でも，やはり意思表示はあったんだ。ペットボトルのお茶を指さして「これください」と言ったり，黙ってさしだしたりする行為は，「このペットボトルのお茶 1 本を 150 円で買います」という意思表示をしていると解釈できるし，実際そうに違いないのだからね。契約の内容をいちいちぜんぶ口に出して相手に言わなくても，契約は成立する。ぜんぶ言わないと契約が成立しないとしたらたいへんだよ。自動販売機なんて絶対に置けなくなっちゃうだろうね。

あっ，わかりました！　まさにいま話題にしている「意思表示」も「契約」も，「所有権の移転」も，法学上の概念を知らないとまったく意識できないもの，つまり見えていないものです。でも，それらの概念を知ることで，とたんにそれが意識できるようになる，つまり見えるようになる，ということではないですか。

そうなんだ。法学の授業では，「契約は当事者の意思の一致つまり申込みと承諾が一致することによって成立する。」ということを教わる。そして，それを知ることにより，日常生活でみんな頻繁に繰り返しているモノを買うという行為の法的構造が見えてくる，ということだ。契約の成立も，所有権の移転も，観念上のものだからまったく目に見えない。ペットボトルのお茶を買ったとき，いちいち契約をしたと意識する人はほとんどいないし，いちいちその所有権が移転したこ

とを意識する人もいないはずだ。でも，それらの概念を知ることにより，ペットボトルのお茶を買って飲むという日常的な出来事を，法的意味がぎっしり詰まった法現象の束(たば)として観察することができる。意思表示，契約，所有権といった概念を知ることによって，いままで見えていなかったものが見えるようになったということは，つまり，世界を見るための新しい概念装置を手に入れた，ということなんだ。

なるほど，そう考えると，その概念装置をもっと大規模に組み上げてゆきたい，より精巧なものにしたい，という意欲も出てきますね。

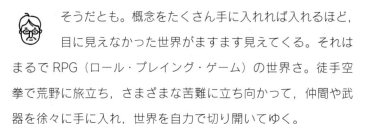
そうだとも。概念をたくさん手に入れれば入れるほど，目に見えなかった世界がますます見えてくる。それはまるでRPG（ロール・プレイング・ゲーム）の世界さ。徒手空拳で荒野に旅立ち，さまざまな苦難に立ち向かって，仲間や武器を徐々に手に入れ，世界を自力で切り開いてゆく。

おお，なんとエキサイティングな。勇者ワッシーよ！さあ旅立つがよい！

え，君は来ないの？

一緒に来てほしい？

もちろんだよ。一緒に冒険してボクは空を制覇する。そして君が陸を支配するのさ。シッシー＆ワッシーは

一心同体，最強コンビじゃないか。有斐閣のわれらの社章の制定が 1947 年さ。何年一緒にいるか考えてごらんよ。

ワッシー，ありがとう。すこやかなる時も，病める時も，君のことだけは永遠に食べないって誓うよ。ほんと，うれしいなぁ。もう我慢できない，吠えちゃおっと。**がおぉぉぉっ！**

さあ，さあ，みなさま，仕切り直しです。講義に戻ってください！

どこまで進んでいたかな。

駅の売店でペットボトルのお茶を買う話が終わったところです。

そうだったね。シッシー，ワッシーから何か補足の質問はあるかな。

ひとつだけいいですか。

どうぞ。

成立した契約が履行されてお茶の所有権が買い手に移転したということはわかるんですが，そんな説明を考える「意味」がわかりません。

どういうこと？

無事に契約が成立しお茶が引き渡され，代金もちゃんと払ったなら，もう所有権がどうのこうのなんていうメンドクサイことを考える必要は，まったくないのではないでしょうか。

 それはお茶を売った売店の店員さんが取り戻しに来たり，別の誰かにそのお茶をよこせって言われたりしなければね。

 どういうことですか。

 かりに，店員さんが代金の 150 円を受け取ったのに，一度引き渡してくれたお茶のボトルを取り戻しにきたらどうする。あるいは別の誰かがそのお茶は君のではなくて自分のだからよこせと要求してきたらどうする。

 とりあえずかみ殺す，かな。

 いやそういうことじゃなくて，そのペットボトルのお茶が「自分の物」だという正当性をどうやって説明するか，っていうことを聞いている。

 これは自分の物です，つまり，所有権が自分にあります，って言うでしょうね。

 どうやって説明する？

ちゃんと決められた代金を払ったんだから、自分の物になったじゃないかって言うと思います。

なんで決められた代金を払うと自分の物になるの。

それは売るほうもそう約束しているから。

約束つまり契約だよね。ワッシーが言っていることは、さっきのコマ送り解説と同じことじゃないの。

うーん。そうかぁ。そうかもしれません。

つまり売買契約により所有権が移転したことを確認するのは、買い受けたペットボトルのお茶を自分の手元に保持し続けて取り戻されないようにするという意味をもっている。まったく無意味なことを述べているわけでないよ。

無意味ではないって認めるけど、ものすごく理屈っぽいね。

理屈っぽいのは悪いことかい。

先生みたいなこと、いちいち言う人とは、ちょっと付き合いにくいだろうな、と思う。

理屈っぽい、という言い方自体がもうそれだけで悪口だよね。ネガティブな含みをもっている。でも、それを「論理的に厳密」と言い換えたらどうかな。かなりポジティ

ブな印象になる。じつは，この2つは，ほとんど同じことを言っている。その理屈がいわゆる屁理屈でなければ，だが。

 先ほど裁判のありがたさを議論したところで，先生は「理性」「論理」「合理性」って強調していましたよね。

 そのとおり。論理を鬱陶しいものだと思ってはいけない。論理は普遍的なもので，多くの人にいちばん受け入れてもらえる大切なものなんだ。さっきシッシーは理屈っぽい人とは付き合いにくいって言ってたけれど，その時々の気まぐれな感情で結論を左右する人は，理屈っぽくはないけれど，もっとずっと付き合いにくいよ。

 たしかに。気分や感情だけで判断する人が上司だったり，議長だったりしたら，部下や会議参加者はまったくついていけない。

 ましてや裁判官がそんなんだったら，やってられない。

 法学的な論理の運び方は，その点，とても冷静なんだ。感情に左右されない。だからこそ広く受け入れてもらえるんだ。

 その法学的な論理の運び方について，もう少し解説してください。

 もちろんさ。それはね，大前提となる法ルールに，小前提となる事実を当てはめて，そこから結論を出すというやり方なんだ。次のようなステップを踏むイメージさ。

【第1ステップ】
法が,「どのような条件」がそろったら,「どのような効果」が生じると決めているかを確かめる。

【第2ステップ】
その条件のひとつひとつに, 実際の出来事を当てはめて, 法が決めている条件が満たされるか調べる。

【第3ステップ】
条件がすべて満たされていれば, 法が定める効果が発生すると判断する。ひとつでも欠けている条件があれば, その効果は発生しないと判断する。

 ああ, これはいわゆる「三段論法」ですね。

 アオキ先生はいわゆる「三段腹」。

そのとおり。あ, これはワッシーだけに返事したんだからね。この考え方はとても汎用性が高くて, 冷静に論理で説得するうえでは, 応用範囲が広い。このように, どのような条件があればどのような効果が生じるかを一般的・抽象的に確認したうえで, 個々の条件が満たされるかを具体的な事実に即して考えるやり方を, 英語では to think like a lawyer（法律家のように考える）と表現したりする。法学部生として, ぜひとも身につけてほしい議論の仕方だ。

「はんようせい」がたかい，ってどういう意味。

この考え方は，会社でも，役所でも，町内会でも，趣味の団体でも，マンションの理事会でも，大学のサークルでも，要するに，多くの人を説得する必要のあるすべての場面で使える，っていうことさ。

当たり前だった世界のもろさと
法律を学ぶ人への期待

ところでミヤケさん，ナカノさん。当たり前だった世界が一瞬にして崩れてしまうという経験をしたことがありますか。

そうですね，真っ先に思いつくのは地震でしょうか。とくに 2011 年の東日本大震災。あの時は，いままで静かに流れていた日常が突然，徹底的に，理不尽に壊されてしまいましたね。そのほかにも 1995 年の阪神・淡路大震災など，どの地震でも多くの人が被災して，大切な人や物を一瞬にして失ってしまいました。台風や豪雨の災害も，心が痛みます。

私はなんといっても 2020 年の新型コロナウイルスのパンデミックですね。最初は対岸の火事だと思っていたら，あれよあれよと全世界に感染が拡大して，経済も学校も娯楽も，なにもかも停止してしまいました。倒産や失業がたくさんの人を経済的な窮地に追い込んでいますし，アルバイトもできなくなって授業料が払えない大学生もたくさんいるそう

です。平穏な日常が一瞬にして崩れ去ってしまった人が世界中にたくさんいる。私自身も外に出て人と接することが怖くなる日が来るなんて，これまでまったく想像できませんでした。以前は満員電車に毎日平気で乗って通勤していたのに。

 シッシーとワッシーはどう？

 森林火災です。ついこの間もオーストラリアで 200 日以上続いた山火事で，多くの野生動物の仲間たち，愛くるしいコアラたちも，たくさん焼け死んでしまいました。なんとも理不尽です。

 ボクが思いつくのはバッタかな。サバクトビバッタの大群がものすごい数でやってきて農作物を食い尽くしてしまうんだ。そりゃもう，とてつもない数だから，怖いのなんのって。アフリカではみんなひどい目にあっている。

 いくらでも例を挙げることができそうだね。今回の講義でボクはシッシーのふるさとのサバンナとときどき対比しながら，人間社会の法について語ってきた。みんなが法をちゃんと守って，安定した社会秩序が維持されるというのは，思ったより大変なことなんだ。自然災害や疫病で安定した社会が一瞬にして崩れてしまうこともある。人間社会もサバンナの弱肉強食の世界と同じくらい諸行無常なのかもしれない。

 そうかもしれないね。

現在もいろいろたいへんな時代だ。ナカノさんが言っていたように、コロナウイルスのパンデミック以降は、この本を読んでくれている人の中にも、いろいろな理由で苦しい状況に置かれている人がたくさんいるに違いない。でも、そういう時代だからこそ、法律を学ぶ意味を切実に実感できるかもしれない。均衡や安定が崩れたことで、失われてしまった正義や秩序や自由や平等や自律をどうやって取り戻すか。どうしたら生き甲斐に満ちた豊かな社会を築きなおすことができるか。法はそのための武器になる。新しく生じた先例のない問題に、既存の法を使ってどのように対応できるか。既存の法ではどうしても対応できないとき、どのような法を新しく作ればいいのか。こういった課題は、将来法律家になろうとしている人にとっても、なんとなく法律を学んでいて法律家になる気がない人にとっても、同じように切実な問いのはずだ。進路にかかわりなく、法律を学ぶ人にはそういう志をもって、人間社会が営々と築きあげてきた宝物である法を味わい、学び、そしてそれぞれの人生の持ち場で、その改良のために力を尽くしてほしい。困難な時代であればあるほど、法律家のみならず法律を学んだ市民の工夫や創造性が広くそして深く試されるに違いない。

あのぉ、ちょっと申し上げにくいんですが、先生は、法学の概念や議論の仕方について語ってくれましたが、こういう不透明な時代に法律を学ぶ者たちはいったい何を目指せばいいのか、どういう価値を大切にして生きていけばい

いのか，っていう肝心なことを話してくれていないように思うんですが……。

 たしかに話さなかった。というか話せないんだ。

 どうして？

 法学教師がまずできることは，「現在の法的価値の体系」を学生に伝えることだ。憲法にうたわれている価値，そう，この講義でとりあげた罪刑法定主義もそのひとつだけれど，そういった基本的な価値のもとで，法律の諸条文がどんな原理に従って組織化されているかということは，語ることができる。そのような価値の体系が，どのような歴史的経緯を経て，どのような問題に対処するために存在しているのか，ということも合わせて伝えることができるし，伝えなければいけない。でも未来を語ることは控え目にしかできないな。

 そうでしょうか？

 法体系に含まれている価値は多数かつ多様なんだ。たとえば自由と平等というみんなが認める基本的価値ですら，対立する場面は多い。そのうちとくにどの価値を大切にして将来の法を作っていきなさい，と押し付けることはできない。それはまさにその人の「生き方」にかかわることだから。自分がどんな価値を重要なものと考えて生き，社会に働きかけ

るかは，その人自身にしか考えることはできない。

 それって無責任じゃないかな。

 自分の人生は自分で決めたくないの？　シッシーは法学部の先生にとくに人生の指針を教えてほしいかい？

 そう言われると，そうではないな。

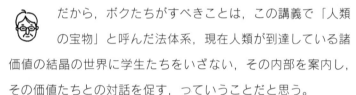 だから，ボクたちがすべきことは，この講義で「人類の宝物」と呼んだ法体系，現在人類が到達している諸価値の結晶の世界に学生たちをいざない，その内部を案内し，その価値たちとの対話を促す，っていうことだと思う。

 先生たちは単なる案内人なのですか？

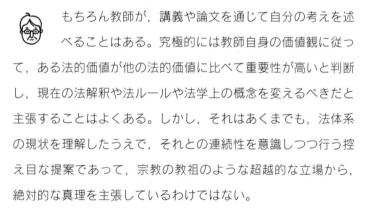 もちろん教師が，講義や論文を通じて自分の考えを述べることはある。究極的には教師自身の価値観に従って，ある法的価値が他の法的価値に比べて重要性が高いと判断し，現在の法解釈や法ルールや法学上の概念を変えるべきだと主張することはよくある。しかし，それはあくまでも，法体系の現状を理解したうえで，それとの連続性を意識しつつ行う控え目な提案であって，宗教の教祖のような超越的な立場から，絶対的な真理を主張しているわけではない。

 たしかに法学にはいろんな「学説」があるっていう噂を聞いています。

法律を学び始めた人はこれからたくさんの「学説」と
出会うはずだ。学説を唱える法学者たちは，なるべく
多くの人を説得できるような，よりよい考え方を提示しようと
している。でも，それは，あくまでも絶対的なものではないか
ら，君たちは自らその学説と対話し，自分の立場を決める助け
にすればいい。ときどき新入生から，学説が分かれる問題につ
いて，「結局どの説が正しいんですか，正解を教えてください」
と聞かれることがある。

　　そりゃ知りたいもの。

　　そうじゃないんだ。どの説がいちばん説得的か，自分
はどの説を支持したいか，その理由は何かを，自分の
頭で考えることが大切なんだ。そして，その中に納得できる学
説があれば，それがその人にとっての「正解」なんだよ。そし
てその正解は立場によって違ってくることもある。裁判官は，
理論的に筋が通るだけでなく，「その事件」を裁くうえでいち
ばん妥当な結論につながるのはどの説かって考えるだろうし，
法学者は自分の支持する理論体系とその学説が整合するかどう
かも重視すると思う。君たちは君たちで，自分にとっての「正
解」が何かを考えていくことが大事なんだよ。ただし，それは
独善的であってはいけない。論理的で妥当な考え方だけが，他
の人を説得できるからね。

そんなふうに，はっきりした答えがないことに耐えられるかどうか，自信がありません。

 でも，それは法学にかぎらないよ。入学試験の問題には「正解」があるのが普通だけれど，どんな学問でも正解がはっきりしないことがたくさんあるのさ。だから研究がずっと続いているし，終わりなく続くに違いない。きっちり答えが決まっていそうな自然科学の分野だって，教科書に書かれていることを疑いなさい，って教えている先生はあんがい多い。実際，ノーベル賞級の大発見により，自然科学の教科書が書き換えられることもある。だから，君たちが，自前の概念装置を組み立てて研ぎ澄ましていけば，場合によっては，いままで誰も見たことがない新しい世界が見えるかもしれない。

 新しい世界が見えるって，どういうことなの？

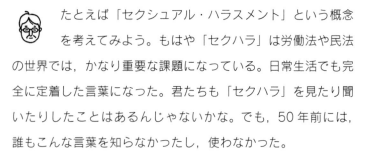 たとえば「セクシュアル・ハラスメント」という概念を考えてみよう。もはや「セクハラ」は労働法や民法の世界では，かなり重要な課題になっている。日常生活でも完全に定着した言葉になった。君たちも「セクハラ」を見たり聞いたりしたことはあるんじゃないかな。でも，50年前には，誰もこんな言葉を知らなかったし，使わなかった。

 50年前にはセクハラする人はいなかったの？ じゃあ，この50年で人間はラクダしちゃったわけだ。

ダラクね。

 いや，50年前もそういう人はいたに違いないんだ。ただ，その行為や現象を「セクシュアル・ハラスメント」という概念がないから，うまくつかまえることができなかったんだと思う。セクハラにあって，すごくイヤな思いをした人が，そのモヤモヤした不愉快でくやしい感情を，ひとことで言うことができなかった。それが，セクハラという「概念」や「言葉」が生まれることにより，セクハラという事象が簡単にすくい取れるものとなり，他の人とその問題を共有することができるようになった。新しい概念を作るっていうことは，そういうことなんだ。

 新しい概念装置を作り出すと，クリアに見えていない何かを，誰でも見えるようにすることができるかもしれない，ということですね。

 そのとおり。この講義で述べてきたように，法学のおもしろさはわかりにくいけれど，そこには深い味わいがある。そして，いまみんなにとって「当たり前」のことは，きっと50年後，いやひょっとするとほんの10年後には，もう当たり前ではなくなっているだろうから，新しい概念装置がきっと必要になる。

 本当かなぁ。

間違いないよ。ボクが生まれてもうすぐ60年経つけれど，世界はその間ずっと変化し続けてきた。しかも変化の速度がどんどん速くなっている。だからこれからも世界は変わり続けるに決まっているさ。

 にわかに信じられませんが。

 では10年経ってから，今日のこの会話を思い出して，10年前を振り返ってごらん。世界は変わったって，きっと気づくはずだ。

 わかった，楽しみに10年後を待っているよ。

 だいぶ長時間講義をしたね。ミヤケさんとナカノさんもずっと付き合ってくれてありがとう。そうだ，法律学習の先輩であるお2人からも，アフター・コロナ時代を生きてゆく若い法学部生たちに向けてメッセージがあったら，ぜひ伝えてくれないかな。

 わたくしどもはオモテに出るべき立場ではありませんので，遠慮させていただきたく存じます。

 同じく。

 もうお2人とも十分登場しちゃってるよ。いまさら遅いよ。

おはずかしゅうございます。

 じゃあ，ひとことだけ。ミヤケからどうぞ。

 そうですね。わたくしが申し上げたいのは，未来はこのわたくしをもってしても，検索不能だということでしょうか。検索できないからこそ，検索不能であるがゆえに，未来には夢があるのです。そしてその未来は，みなさまの手中にあります。こういう社会になってほしい，こういう社会を維持したい，という思いをおもちでしょう。ぜひ，それを実現するために力を尽くしてください。法律を学ぶことはきっとその役に立つと思います。法律家にならなくても，役に立ちます。

あねさま，お願いします。

 では僭越ながら。人はひとりひとりみんな違っています。そういう人たちが集まって社会はできています。当然，衝突やもめごとが起きます。そのときに，どちらか一方の考えだけを無理に押し付けたり，ましてや力に頼ったりするのではなく，自分，相手，周りの人，社会全体，いろんなことに目を向けて，よりよい解決は何かを考える必要があります。法律は，そのための大事な道具のひとつだと思うんです。社会がときに間違った方向に向かうかもしれない。そのとき「ちょっとまって，それおかしい」と言えるためにも，ぜひ法律を勉強してほしいと思います。

ミヤケさん，ナカノさん，ステキなメッセージどうも
ありがとう。

 出過ぎた真似をいたしましたこと，どうぞお許しくだ
さい。

 お2人のおかげで，シッシーと一緒にいろいろなこ
とを考えることができたよ。

 うん，楽しく考えた。そしてワッシーとの友情も深ま
った。

 じゃあ，ボクはこれで失敬するよ。シッシー，ワッシ
ー，いつかまた会おう！　ミヤケさん，ナカノさん，
これでカンヅメから放免だよね。

 どうぞ，もうご自由になさってください。

第3部
エピローグ

アオキ先生，嬉しそうに出て行ったね。

 原稿書かないで「有斐閣くのいち」にずっとつけねらわれていたらしいからね。

 法律ってあんがい奥が深いってことがわかった気がする。

 ああ，そして思ったよりダイナミックなものだっていうこともわかった。

 法律出版の老舗の社章を務めていることが，なんだか誇らしく思えてきたね。本のカバーや社屋の上でますます胸を張れる気がする。

 まことに欣快至極。

 あ，それワッシーじゃなくて鷲王の口調だよ。

 ほんとだ。じゃあ，元に戻るとするか。

 ミヤケ，ナカノ，ここへ。

 獅子王様，鷲王様。今回の講義はいかがでございましたでしょうか。

 お気に召されましたら，幸甚に存じます。

うむ，晴れやかな気分じゃ。心遣いに感謝しておる。

 我ら両王の絆もさらに強くなった。そちらも仲良く過ごせよ。

 かたじけなきお言葉，ありがとう存じます。

 もったいなきお言葉に存じます。では，お体も元に戻されて，社章にお帰りあそばしますか。

 そうしよう。例のユウヒカクの呪文を頼む。なんじゃったかの。

 「臨・兵・闘・者・神・保・町・二・丁・目」でございますね（注：『判例の読み方』137 頁）。

 そうじゃ，そうじゃ，それを頼む。

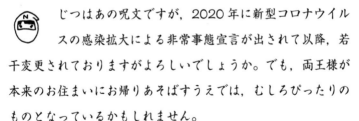 じつはあの呪文ですが，2020 年に新型コロナウイルスの感染拡大による非常事態宣言が出されて以降，若干変更されておりますがよろしいでしょうか。でも，両王様が本来のお住まいにお帰りあそばすうえでは，むしろぴったりのものとなっているかもしれません。

 くるしゅうない，やってみい。

  では。

臨・兵・闘・者・随・時・在・宅・勤・務！

 おぉ，体が元に戻って，また獅子王としての力がみなぎってきた。ミヤケ，ナカノ，こたびは御苦労であった。

 うむ，では，われらはふたたび社章に戻ることにする。そちたちの言うとおり，まさに在宅勤務じゃ。しばし，さらばじゃ。両名とも体を大事にせよ。

  ありがたきお言葉，いたみいります。

• • •

 獅子王様と鷲王様がまた無事に社章にお帰りあそばしました。

 そうね。アオキ先生の講義もそれなりに楽しまれた御様子でほっとしたわね。

 はい。アオキ先生，いまどこにいらっしゃいますかね。

 きっと美味しいカレーを食べているわよ。じゃあ私たちも乾杯しましょうか。

 何にしましょう。

もちろん，ビール。

 では，この本を読んでくださった読者のみなさまの未来に乾杯いたしましょう。

 検索不能な未来に，ね。

 乾杯〜！

 ぷはぁ。ウマっ！

（終わり）

あとがき

　駆け出しの助教授時代，今は亡き恩師から，「学問的業績のない若造のうちは啓蒙書など書いてはいけない。」という御助言をいただいたことがある。先生の声ははっきり耳に残っているのに，その日からもう25年近い歳月が流れた。その間，わずかな学問的貢献しかできなかったことを恥じる一方，若造を自称できない年齢に達して久しいことは認めざるをえない。

　そんな時，有斐閣から，「法律の学び方」について，初学者向けの超入門書の執筆を依頼していただけたのは，幸せなことであった。それによって生まれたのが，『法律の学び方——シッシー＆ワッシーと開く法学の扉』と題する本書であり，2017年に有斐閣から出版した『判例の読み方——シッシー＆ワッシーと学ぶ』（以下，前著）と姉妹編をなす。

　難解で退屈にみえる法律は，古今東西の初学者をしばしば絶望させてきた。将来の生活のため，つまり「パンのための学問」と割り切って，我慢して勉強を続けている人も多いだろう。法律の手ほどきをいちばん最初に行う教師は，まずは初学者のその絶望感に寄り添うべきではないか。そのうえで法律の背後にある味わい深さを静かに語り，初学者の「心の持ち方」が自然と前向きに変わるのを待つべきではないか。入門段階で伝えられる具体的な法律知識は，所詮ごくわずかである。法律学習のスキルも，法律を学びたい気持ちがなければ無味乾燥であろう。だからこそ，そのような心のありように働きかけることこそ，「法律の学び方」の最初にして最重要の課題なのではないか。本書にはそのような思いを込めた。

　本書の副題は「シッシー＆ワッシーと開く法学の扉」である。読者が開く扉の先には，冷たく暗い混沌ではなく，温もりと光のある宇宙が広がっていると予感させ，思わず歩みを進めたくなるような，そんな気持ちにさせる本を書きたかった。

　前著と同様に本書でも，有斐閣編集部の三宅亜紗美さんと中野亜樹

さんが，企画から校正までずっと伴走してくださった。シッシー＆ワッシーは有斐閣の社章から抜け出してきた獅子王・鷲王の世を忍ぶ仮の姿，両王を秘術で召喚するのが「くのいち」のミヤケとナカノ，そこに法学教師のアオキ先生が加わるという設定も，前著とまったく同じである。本来黒子である編集者をキャラクター化して表に引っ張り出すのは，いわば「二重の掟破り」である。しかし，対話篇の性質上，狂言回しが必要だと考え，当惑する三宅さんと中野さんにわがままを聞き入れてもらった。しかも，本書では「くのいち」のセリフを前著より増やした。それには理由がある。数年前，一橋大学生協書籍部で，学生たちがお気に入りの本の宣伝ポップを作るイベントがあり，匿名の法学部生が前著の売場にポップを立ててくれた。そこには「一番心に残った人物」の記入欄があり，「くのいちのミヤケとナカノ」と大書されていたのである。私が造形に成功していたのは，シッシーでもワッシーでも，ましてやアオキ先生でもなく，ミヤケとナカノだったらしい。

　小著とはいえ本書の原稿が完成するまで時間を要した。三宅さんと中野さんは，その間，温かく厳しく催促をしつつ辛抱強く完成を待ち，いったん草稿ができてからは緻密で迅速な検討を繰り返してくれた。ありがたいことである。お２人のどちらが欠けても，本書は誕生していない。シッシー＆ワッシーの「生みの親」が私だとすれば，お２人は「育ての親」である。

　他にも感謝しなければならない方々がいる。ここでは，裁判官の林まなみさんと，シマダノリヒコさんのお名前を特に挙げたい。かつて一橋大学法学部の私のゼミで学んだ林判事は，本書の草稿を丁寧に読んだうえで，実務の視点から有益なコメントをくださった。自慢の教え子の御教示により，迂闊な教師はいくつかのミスを避けることができた。また，シマダノリヒコさんは，前著に引き続き登場キャラクターのイラストを描いてくださった。登場人物の対話を楽しく視覚化できるのも，ひとえにシマダノリヒコさんのおかげである。

ところで，この「あとがき」を書いている現在，新型コロナウイルス感染症の暗雲が世界中を覆い，大学教育もオンライン講義が中心となっている。張り切って法律を学び始めようとしたのに，孤独でつらい日々を送っている学生もたくさんいるに違いない。この小著が，そういう諸君の心に射し込む小さな光となってくれることを，切に願う。

2020 年 9 月

青　木　人　志

著者紹介

青木人志 (あおき・ひとし)

一橋大学大学院法学研究科教授
1961 年（昭和 36 年）山梨県富士吉田市生まれ

趣 味

ワードゲーム（たほいや，Scrabble, Boggle）。

学生時代の思い出

大学に入り田舎から上京したとき「喫茶店」はまぶしい場所だった。
カプチーノというオシャレなものを頼んでみた。受け皿に添えられ
たクッキーをかじって歯が折れそうになった。シナモンスティック
なんて知らないから。サンドイッチと一緒に運ばれてきたキュウリ
のピクルスをひと壺ぜんぶ完食したこともあった。お好みで 2，3
個だけ取るものだと知らずに。ある時は好奇心に駆られて，カタカ
ナ表記の未知のソーセージを注文してみた。「ちょりん，ください」。
ウェイトレスさんが無表情に聞き返した。「ちょりそ，ですね？」と。

読者へのメッセージ

どんな学問にも，まずは棒をのみこむように覚えなければならない
基礎知識があります。法学も同じです。初学者のみなさんが，本書
を読んで，「その先」に広がる法律の魅力を予感してくださること
を，願っています。

● 法律の学び方

シッシー&ワッシーと開く法学の扉

2020年11月25日　初版第1刷発行

著　者　**青木人志**

発行者　**江草貞治**

発行所　**株式会社　有斐閣**

郵便番号 101-0051
東京都千代田区神田神保町 2-17
電話(03)3264-1314[編集]
　　(03)3265-6811[営業]
http://www.yuhikaku.co.jp/

組　版　株式会社明昌堂
イラスト　シマダノリヒコ
印　刷　萩原印刷株式会社
製　本　牧製本印刷株式会社